# ¿POR QUÉ PERDIMOS?

*Reflexiones desde el anonimato de un ciudadano sin futuro*

F. RUBI

Número de Control de la Biblioteca del Congreso de EE. UU.:      2013904100
ISBN:             Tapa Dura                         978-1-4633-5272-1
                  Tapa Blanda                       978-1-4633-5270-7
                  Libro Electrónico                 978-1-4633-5271-4

Este libro fue impreso en los Estados Unidos de América.

Fecha de revisión: 05/03/2013

**Para realizar pedidos de este libro, contacte con:**
Palibrio
1663 Liberty Drive, Suite 200
Bloomington, IN 47403
Gratis desde EE. UU. al 877.407.5847
Gratis desde México al 01.800.288.2243
Gratis desde España al 900.866.949
Desde otro país al +1.812.671.9757
Fax: 01.812.355.1576
ventas@palibrio.com
451174

# ÍNDICE

"Un elefante se columpiaba sobre la tela de una araña; como veían que resistía fueron a llamar a otro elefante" (canción infantil mexicana)

# CAPÍTULO I

—————◯—————

# PINTALO DE NEGRO
## (THE ROLLING STONS)

En el año del señor de 2012; el año del fin del mundo, según los recurrentes programas catastrofistas de Discovery Chanel, basados en las predicciones astronómicas de los mayas y unas pocas semanas antes de las elecciones federales del primero de julio, en nuestro país, la gente hablaba mucho de política. Por la gente, me refiero a las personas de nuestro entorno: Los vecinos de nuestra cuadra, los marchantes del mercado, algunos pasajeros de los autobuses urbanos, la gente que acudía al cine, a las tiendas de autoservicio; los compañeros de nuestro trabajo. Inconcebiblemente, parecía que a nadie le importara que el mundo se fuera a acabar. No hubo manifestaciones multitudinarias, elevando plegarias al cielo por el perdón de nuestros pecados. Tampoco tuvimos noticias de aparatosos suicidios colectivos para tratar de escapar por otra puerta de la probable extinción, ni la turba arremetió enloquecida contra los grandes almacenes o supermercados intentando hacerse con toda clase de productos que les garantizaran la supervivencia.

A contrapelo de lo ocurrido en la agonía del siglo XX, cuando la mayoría de los habitantes de éste desafortunado planeta esperábamos grandes y devastadores eventos, nadie hizo mayor caso de las predicciones de Nostradamus, o de la biblia misma, anunciándonos que el fin estaba irremediablemente cercano. Holywood no se quedó atrás, fiel a su visión maniquea del comportamiento humano, contribuyó con inusitado entusiasmo, al anuncio de la extinción de nuestra especie: "Armagedón",

1

"Impacto profundo", "La guerra de los mundos", "2012", son solo algunos de los títulos con los que trataron de persuadirnos que estábamos condenados a desaparecer. Pero, excepcionalmente, nadie los tomó demasiado en serio; las tribulaciones sociales en todo el mundo eran tan abrumadoras, que no quedaba tiempo para pensar en necedades. Además, si según los agoreros del mal no teníamos ninguna posibilidad, ¿para qué preocuparse entonces? Es verdad que de vez en cuando, externábamos nuestro punto de vista acerca de la calamidad que se cernía sobre nosotros, pero nuestras conclusiones nunca fueron más allá de la resignación.

En nuestro país, una de las razones para tal muestra de desdén por el posible exterminio, se debía, tal vez, a que los mexicanos estábamos padeciendo ya, desde hacia varios años, nuestro propio y focalizado apocalipsis. La equivocada y torpe decisión de un hombre inescrupuloso y falaz llamado Felipe Calderón, presidente ficticio por decisión priista, nos había llevado, desde el principio de su mandato, a los insondables abismos del terror y la incertidumbre, mientras él se resguardaba tranquilamente tras un muro impenetrable conformado por elementos del estado mayor presidencial y se abonaba prestaciones ilegales a su ya de por sí abultado salario. Una gran parte de la población, en cambio, miraba decepcionada cómo el poder adquisitivo de su dinero disminuía constantemente, mientras los hombres en el gobierno no dejaban de insistir, en todos los tonos posibles, que nuestra economía estaba boyante y que solo los ingratos no lo queríamos reconocer. Pero nosotros lo que veíamos era a un grupo de funcionarios chatos, ineptos y sin brillo, ocupando carteras para las que no estaban calificados; personajes obtusos, instalados en la autocomplacencia, incapaces de ver más allá de la inmediatez. Torpes, titubeantes, no daban pie con bola a la hora de enfrentar problemas de mediana importancia, mientras crecían el desempleo, la inseguridad y la desesperanza y el país se nos acababa sin remedio ahogado en un mar de estridencias. Nada nos indicaba que las cosas fueran a cambiar. Los medios de comunicación se encargaban de remarcarnos las tragedias económicas y sociales de los países europeos y del medio oriente, dándonos a entender que, vista la magnitud de tales acontecimientos, nosotros estábamos en la gloria. Pero nuestras miopes autoridades nunca quisieron ver y mucho menos aceptar, que el infierno se abatía sobre nuestras cabezas, en la forma de todas las desgracias posibles: Al infierno desatado por el crimen organizado, se sumaba el infierno desatado por el estado y lo único que los ciudadanos pedíamos, desde el fondo de nuestras almas atribuladas, era que ese sexenio infamante terminara de una vez por todas.

A lo mejor por eso, para evadirnos momentáneamente del desastre, volteábamos nuestra vista hacia otro lado, intentando ocupar nuestros pensamientos en cosas un tanto más abstractas pero menos dañinas que las masacres cotidianas, las amenazas telefónicas, las extorciones, los secuestros, las desapariciones individuales o en masa, los atracos callejeros sangrientos y la inseguridad en el empleo y en nuestros propios hogares. 2012 era un año electoral y estaba en juego la presidencia de la República. Por eso todo mundo hablaba de política y muchos de nosotros nos sumergimos por gusto, por compromiso, o por costumbre, en las aguas turbias y pestilentes de esa ciénaga hipnotizante.

Debemos reconocer, sin embargo, que la mayoría de los mexicanos no somos afectos al tema político, ni mucho menos. Y los que nos aventuramos por sus intrincados caminos, tampoco podemos considerarnos, ya no digamos expertos, sino siquiera someros conocedores de las cuestiones que tratamos, y de las cuales nos gusta hablar en voz alta para que el de al lado piense que estamos enterados de lo que decimos. Los mexicanos somos pasionales y grandilocuentes por naturaleza y nos seduce sobre manera llamar la atención.

Pero tampoco desconocemos por completo algunas cuestiones que consideramos importantes en el atropellado desarrollo de nuestra vida nacional, sobre todo, cuando los resultados de ciertas decisiones gubernamentales nos afectan directamente, principalmente el bolsillo. Para la mayoría de los temas que podríamos llamar de competencia social, nos gusta "nadar de a muertito". Esto es, fingimos una ignorancia que no es necesariamente verdadera. Sin embargo, la experiencia nos ha demostrado que decir "no sé", nos evita tener que enredarnos en polémicas y discusiones absurdas y agotadoras, las más de las veces estériles. No nos gustan los empates, la mera verdad. La política es uno de los temas que preferimos evitar, porque nunca llegamos a conclusiones definitivas. Nuestras conversaciones sobre política son incidentales y se reducen por lo regular a sofismas y comentarios rudimentarios del tipo… ¿tú crees que vaya a llover? La política no nos atrae, entre otras cosas, porque no la miramos como un instrumento de utilidad social. Sin embargo, somos partidaristas y en este sentido, podemos afirmar que nuestras convicciones políticas están más o menos arraigadas en nuestra conciencia y se ajustan en los conceptos, aunque de manera borrosa, poco clara, a nuestra forma de ser, lo que determina y explica nuestro comportamiento grupal. Por esa razón, es muy difícil que cambiemos nuestras posturas políticas y necesitamos que las cosas vayan realmente muy mal, para que mudemos de parecer. Otra de las causas que motivan nuestro determinismo, es que la política siempre nos ha quedado a deber. En términos generales, podemos decir que los políticos y la ciudadanía, conformamos un matrimonio mal avenido; esto es, nos toleramos, convivimos en muchos aspectos esenciales para los dos, pero nos ignoramos todo lo que podemos. Pero ésta especie de asociación interesada, tiene una explicación dictada por la experiencia: En el mutuo intercambio de favores y concesiones, la ciudadanía casi siempre sale perdiendo, aunque los políticos intenten hacernos creer lo contrario. Con demasiada frecuencia hemos podido constatar, que existe un abismo insalvable entre lo que se necesita y lo que se hace, entre lo que se promete y lo que se olvida, o se ejecuta en sentido contrario a lo prometido. Ciertamente, la política no es, ni con mucho, uno de nuestros temas de conversación recurrentes.

Cuando hablamos de política, lo único que nos queda claro a todos, es que cada uno de nosotros cree tener la razón. Pudiera parecer una perogrullada; no es así. Lo que la mayoría de los mexicanos entendemos por "política", no tiene nada que ver con la conducción del país en términos de eficacia y honradez; de ética gubernamental. Para muchos de nosotros, "la política" es solamente el modo como los gobernantes en turno se comportan con las mayorías. No siempre tenemos la seguridad de haber sido nosotros los que los instalamos en sus cargos. Nuestra relación con ellos se limita a recibir lo que nos dan o lo que nos prometen. En cambio, hablando de cuestiones de moral pública, asociamos la política, con asuntos de corrupción, de desdén, de abuso del poder, de enriquecimientos escandalosos; de impunidad total y encubrimiento de los delincuentes políticos de cualquier signo ideológico. Sin embargo, en lo más profundo de nuestro ser, pensamos que todas estas desviaciones, muchas de ellas de carácter legal, no nos incumben, porque no nos afectan directamente. Se desenvuelven, creemos, en ámbitos ajenos a nosotros y a los que de todos modos no tenemos acceso. Por otra parte, estamos tan acostumbrados a las corruptelas que las vemos como algo normal, propias del rejuego de la lucha por el poder y lo único que nos interesa de un asunto determinado, es saber cuánto se robó cada quien y a menos que el escándalo sea tan grande que nos veamos en la penosa necesidad de opinar, no las tomamos demasiado en cuenta a la hora de emitir nuestro sufragio. Para reforzar nuestra postura, acudimos a una pregunta simple, que no siempre es contestada con atingencia... ¿para qué? Esta indolencia cívica, que los políticos confunden muy convenientemente con una aceptación tácita de la ciudadanía, de sus fechorías, les permite sobrevivir a los sustos que en ocasiones sus torpezas les puedan provocar ("no lo metemos a la cárcel por ratero, sino por pendejo") y vivir desahogadamente a expensas del erario, ya sea local o federal. Y si por alguna razón, alguien con un cierto sentido de la justicia los denuncia públicamente, tienen a su servicio grandes espacios en los medios de comunicación para negar las acusaciones y decirse víctimas de persecuciones de origen inconfesable; luego entonces, ni sus equivocaciones, ni sus "errores" tienen consecuencias ya no digamos judiciales, sino incluso partidarias, pues sus partidos son los primeros que los protegen sirviendo de tapadera a sus felonías. La política nacional se desenvuelve en algún lugar del imaginario popular completamente extraña a nuestra cotidianeidad, y no tiene nada que ver con nuestra, muchas veces, brutal realidad. Como consecuencia de lo anterior; la política para nosotros, es un ente que no nos produce ninguna emoción, ningún sentimiento; ni aun cuando, de alguna manera, nos roce o nos envuelva con el mágico velo de su esencia. Aunque, como es bien sabido, hay sus "asegunes".

Aparte el desmoronamiento irremediable del tejido social, como efecto inmediato y visible de la guerra Calderonista, otra causa que podría explicar el aparentemente repentino interés por el tema político, sería, sin duda, el recuerdo de eventos nacionales recientes, que marcaron la pauta de nuestra conducta en el proceso electoral del presente año, con lo que se confirmaría la tesis del escritor y filósofo León Tolstoy, en el sentido de que no son los individuos, por preeminentes que sean, los que conducen los hilos de la historia, sino la acción colectiva de hombres y mujeres, dispuestos incluso al sacrificio, con tal de llevar adelante un designio o una acción epopéyica sin importar la naturaleza de la misma, la que define un momento histórico determinado. Un líder, un caudillo, un dictador, no tendrían razón de ser, no podrían sobrevivir, sin el apoyo decidido de un grupo de entusiastas que lo siguieran en sus afanes y si éste círculo cercano a la personalidad referida, no excitara la imaginación primero y la energía incontenible de la turba después, acerca de las bondades indefinidas de un proyecto falsamente popular, dada la naturaleza obscura de su origen y por esa razón, con escasas probabilidades de éxito, pero que todos debemos aceptar como irremediable una vez instituido, dando pie con su implementación, a los subsecuentes y naturales desencuentros, inconformidades y revueltas que se manifiestan periódicamente

y cuya intensidad está marcada, entre otras cosas, por la
inoperancia del proyecto instaurado o por su calamitoso efecto
sobre los grupos a los que estaba destinado. En éste sentido,
en México, resulta que cada cierto tiempo, por una serie de
circunstancias que se van presentando en el panorama nacional,
las cosas se ponen interesantes y entonces todos nos sentimos en
la obligación de participar en su desarrollo, aunque sea nomás
de mirones. Ocurrió en 1988, cuando Cuauhtémoc Cárdenas
y un grupo de amigos afines a sus ideas, abandonaron las filas
del PRI para lanzarse a la aventura de transformar al país por
medio de la democracia. Ocurrió, también, en el año 2000, con
el advenimiento del siglo XXI cargado de esperanzas y buenos
deseos y la llegada a la presidencia de un ranchero ignorante,
locuaz y dicharachero que prometió sacar a las tepocatas del
Palacio Nacional. Ocurrió en el 2006, cuando la seguridad
de un triunfo nítido e inobjetable posesionaria a las fuerzas de
izquierda a la cabeza de un gobierno cercano a la gente. Un
gobierno de carácter popular, que nos permitiera recuperar
la senda del camino que extraviamos hace tanto tiempo. Un
gobierno que nos obligara a eliminar nuestros vicios, nuestra
mezquina e injustificada arrogancia: Recuperar nuestras virtudes;
nuestro orgullo nacional, nuestra dignidad como individuos y
como pueblo... Finalmente, volvió a ocurrir en el 2012, con la
presentación formal, como serio aspirante a la presidencia de la
República, de un galán de finas maneras y sonrisa encantadora;
un príncipe de telenovela de elegante porte y apostura casi
obscena cuyas poses se asemejaban a las esculturas masculinas
de Auguste Rodón y que, a querer o no, despertaba el instinto
maternal en la mayoría de las mujeres, que lo único que deseaban
era poder acurrucarlo en su pecho para acabar de criarlo. El
milagro de los tintes para el pelo y el maquillaje puesto de
manera magistral sobre su rostro, lo hacían parecer mucho más
joven de lo que en realidad era, porque resulta que el supuesto
mozo rondaba ya los 47 años y ya sabemos que, a esa edad, nadie
se cuece al primer hervor. Pero nadie sospechó jamás del artilugio
y cuando por fin se descubrió el engaño, era demasiado tarde.

Lo que le puso la sal y la pimienta a la contienda electoral y despertó el interés popular, fue la sensación, con un cierto tinte morboso, de la revancha socialista, de la mano de Andrés Manuel López Obrador como candidato del movimiento progresista y el franco hartazgo por la inoperancia de doce años de gobiernos panistas, que se la pasaron prometiéndonos un futuro esplendoroso que jamás se concretó. Josefina Vázquez Mota, la gris candidata del partido Acción Nacional, de mediocre desempeño en el gobierno, como secretaria de la SEDESOL con Vicente Fox, primero, y como secretaria de la SEP, con Felipe Calderón después, de donde fue "renunciada" por su notoria incapacidad para lidiar con Elba Esther Gordillo, la lideresa del sindicato magisterial, con la que se peleaba públicamente a cada rato y A la que nunca pudo doblegar, fue rescatada por su partido, que logró colocarla como diputada federal en las elecciones intermedias, después de su descalabro gubernamental y desde ahí, como coordinadora de su bancada, se le ocurrió que podía ser presidenta de nuestro país. Pero tenía su destino marcado desde el momento mismo en que se atrevió a desafiar al presidente, pasando por encima del delfín presidencial, Ernesto Cordero. Nunca como entonces se hizo más evidente la mezquindad del presidente, su nula calidad humana y su proclividad a la venganza y el desquite inmediatos. No solo desarticuló al equipo de campaña de la candidata blanquiazul, sino que le puso todas las piedritas en el camino que encontró, hasta lograr que Josefina cambiara su estrategia y empezara a publicitar los aparentes logros Calderonistas, como su nueva bandera de campaña, lo que acabó por enterrarla. Nosotros observábamos todas estas maniobras y nos preparábamos a echar toda la carne al asador, conscientes como estábamos, de que la lucha sería a morir, sin dar ni pedir cuartel.

A propósito, permítanme presentarme: me llamo Fulano de tal y trabajo en un hospital público, en la ciudad y puerto de Manzanillo y me parece que fue en el hospital en donde las pugnas ideológicas eran más marcadas que en otros lugares, aunque no podríamos dejar de lado las controversias suscitadas en las reuniones familiares de los domingos. Por esos días, Manzanillo estaba atestado de propaganda priista; no había un lugar al que volteáramos, un espacio anteriormente vacio, libre, que no nos presentara el rostro sonriente de su candidato. Los autobuses, los taxis, los espectaculares colocados aquí y allá, en las principales calles de la ciudad, daban cuenta del enorme despilfarro del que el PRI estaba echando mano, para remarcarnos esa imagen sin defectos, con dos hileras perfectas de pulcros y muy cuidados dientes asomando apenas por el borde de unos labios delgados y sensuales. La sonrisa de esas imágenes era franca, pero lejana; amigable, pero inasible, como la sonrisa de las estrellas de cine que anuncian perfumes finos, que muy pocos pueden comprar. Cercana la fecha de los comicios, un numeroso grupo de propagandistas del Revolucionario Institucional, principalmente mujeres de la broza, hicieron acto de presencia en el puerto. Igual que esas florecitas que se abren con la luz del sol y se cierran al empezar la noche, los tricolores se hacían presentes durante el día, en lugares estratégicos designados de antemano, desplegando una febril actividad para repartir su mercancía y desaparecían al atardecer, sin que nadie se interesara por saber a dónde iban. Pegaban calcomanías en los cristales traseros de los automóviles, repartían folletos o regalaban bolsas para el mandado, camisetas, lentes y gorras, con la cara imperturbable del muñeco Peña Nieto y alguna frase insustancial de su campaña. Eran una verdadera marabunta, que no había forma de eludir, pues en la mayoría de los casos se apostaban en las esquinas, a un lado de los semáforos y cuando menos lo esperaban los despistados conductores, ya los estaban atosigando para que aceptaran sus productos. Cuando, armado de paciencia y valor, me atreví a preguntarle a una de estas toscas damiselas ¿por qué eran priistas? la doña de marras me contestó con una sonrisa burlona en sus carnosos labios: "Ay, mi'jito, por ciento cincuenta pesos diarios, yo soy lo que tú quieras". En las estaciones de radio locales, los comerciales a favor del candidato priísta cada cinco minutos, no nos daban reposo. Lo mismo ocurría en los noticiarios y en los diarios de nuestra comunidad, que dedicaban enormes espacios para hablar de la cada vez más amplia posibilidad de que el PRI pudiera regresar a Los Pinos por la puerta grande, acaudillados por un jovenazo neo liberal, con la firme intención, bastante pretenciosa, de "Mover a México". "A lo mejor piensa ponernos a bailar, aplicándonos toques eléctricos en las nalgas", comentábamos entre risas un grupo de amigos callejeros. Solamente los seguidores del PAN, intentaban hacerle contrapeso a esta avalancha propagandística. De los partidos de izquierda muy poco o casi nada se hacía notar, ni siquiera con las tres visitas del Peje, Andrés Manuel López Obrador, a nuestro terruño. La intención de la cúpula tricolor, de recuperar un espacio que siempre han considerado su coto particular, hubiera sido loable, de no ser por los métodos abusivos que estaban utilizando para conseguirlo. En las giras de su candidato, su principal objetivo era reunir a la mayor cantidad posible de seguidores, para que la opinión pública pudiera constatar que la fidelidad de sus bases sigue intacto. Añoran más que nunca las concentraciones multitudinarias; la borregada de antaño que los seguía incondicionalmente a donde fuera que los quisieran llevar. Antes era obligatorio asistir a los mítines priistas; el costo para el partidazo: una torta y un refresco para los concurrentes. Ahora tienen que convencer a los remisos mostrando la cartera y el precio ha subido sustancialmente. Pero el dinero, lo hemos visto todos, no representa mayor problema, siempre que se cuente con un plan meticulosamente diseñado para conseguirlo. Para la mayoría de la población, el hecho pasó desapercibido, no así para el observador acucioso. Resulta que para lograr sus propósitos, el CEN priista convocó a sus gobernadores y sus presidentes municipales y les ordenó que en sus lugares de origen, tenían que hacer ganar a Peña Nieto, costara lo que costara, lo que equivalía a darles manga ancha para que dispusieran de los dineros públicos y privados que tuvieran a la mano y los que no, escamoteárselos como mejor lo creyeran conveniente.

No es ninguna casualidad que tantos estados y municipios se hayan declarado en bancarrota al mismo tiempo después de las elecciones. Muchos funcionarios aprovecharon la ocasión para revivir el tristemente célebre "Año de hidalgo" y se despacharon con la cuchara grande, abonando dineros del erario a sus cuentas particulares, después de lo cual fueron a esconderse a los Estados Unidos, en donde están seguros que nadie los molestará. Como los casos específicos del hipócrita y lame botas Andrés Granier Melo, ex gobernador de Tabasco, que corrió a Miami, apenas dejó el cargo, para evitar ser acusado de peculado y el tranza ex gobernador de Coahuila, Humberto Moreira, que se ha refugiado en Europa, después de armarse y protagonizar un tango mediático con la ayuda de la televisora Milenio, encaminado a deslindarse del escandaloso endeudamiento por 35 mil millones de pesos con los que se abrochó a los coahuilenses. Ciertamente, nada de esto puede ser comprobado; no existen cartas, ni oficios, ni documentos comprometedores que avalen la especie. No hay videos clandestinos que demuestren que eso realmente ocurrió, o que pasó como nos lo contaron. Son solo rumores, pero los rumores, como todos sabemos, están sazonados con una buena dosis de verdad y son los acontecimientos posteriores los que nos indican si esos rumores tenían o no sustento. "Cuando el rio suena, es que agua lleva", reza el refrán. De ser cierta la especie, esta desafortunada decisión priista, de hacer ganar a su candidato a cualquier precio, constituye sin duda un terrible acto criminal y nos recuerda, por si acaso lo habíamos olvidado, el enorme desprecio que el PRI siempre ha sentido por la ley. Pero en ésta ocasión, tan desvergonzada ocurrencia es mayormente condenable, pues se llevó al baile a personas que no tuvieron nada que ver con sus actos de campaña. Por ejemplo, a los trabajadores eventuales del municipio, a los eventuales del Hospital General, a los que han mantenido bajo el régimen de contratos leoninos durante años; e inclusive, a muchos de los empleados del Seguro Popular, a los que no les dieron aguinaldo, ni vales de despensa. Lo único que les dieron fue la mala nueva de que un buen número de ellos estaba despedido, porque se acabó el dinero para pagarles sus sueldos, con el agravante de haberlo hecho después de que se calmó el relajo electoral, en plena época decembrina, con lo que les quitaron la posibilidad de festejar la navidad y pagar algunas de las deudas con las que los jodidos siempre cargamos a cuestas. Pero estas pequeñas tragedias personales no significan nada, no le interesan a nadie, porque carecen de relevancia pública. ¡Qué buen reglo navideño; en lugar de aguinaldo, quedarse sin chamba! Indudablemente, esto es algo que mucha gente recordará por muchos años, pero estamos seguros que si el señor Peña Nieto se hubiera enterado de ésta calamidad, les habría mandado una despensa, para consolarlos.

Aparte del billete, al ambiente de polarización que caracterizó las campañas desde el principio, se sumaba el muy fundado resquemor por los rescoldos, todavía calientes, de las elecciones presidenciales anteriores; sin duda. Aunque no lo pareciera, porque casi nadie hablaba de ello, la forma como Felipe Calderón asumió el cargo, estaba muy grabada en nuestro recuerdo. El asalto al poder por parte del candidato del PAN, había sido digna de una obra de teatro de Eugne Ionescu y la tensión provocada por los acontecimientos de esos días, aún nos perturbaban. Pero había un ingrediente novedoso en la preparación del nuevo pastel, el candidato priista, era también el candidato de TELEVISA y muchos de nosotros sabíamos bien lo que eso significaba, porque TELEVISA no se ha caracterizado precisamente por su amor a la verdad y la justicia: es una empresa manipuladora, hipócrita, sin principios éticos y con una moral muy cuestionable, dedicada a idiotizar a la gente con programas anodinos y maniqueos como sus telenovelas, que repiten una y otra vez hasta la saciedad. A TELEVISA no le gusta la competencia y recurre a todos los medios de presión, incluidos la calumnia y el chantaje para deshacerse de sus posibles rivales; están los ejemplos de Moisés Saba, Carlos Slim, Carmen Aristegui y MVS a los que atacaron con una furia desmedida por haberse atrevido a cuestionarlos o desafiarlos al intentar incursionar en terrenos que TELEVISA considera de su exclusiva competencia. Tampoco les gusta rendirle cuentas a nadie, ni siquiera a las autoridades a las que ven y tratan como sus empleados. El matrimonio del ex gobernador del EDOMEX con una actriz de la televisora, apodada "La gaviota", no dejaba lugar a dudas... Querían a un gobernante que les garantizara seguir saliéndose con la suya y Peña Nieto era el hombre ideal, porque su producto era maleable y delicado, como una bola de plastilina. Tan estaban dispuestos a lograr su propósito, que no escatimaron elogios ni halagos fuera de toda proporción, de su vastísimo repertorio de lambisconerías, para enaltecer el desempeño como gobernador, de su espléndido socio y de paso, recalcarnos que Peñita era el presidente que México estaba necesitando como el oxígeno a la cabecera de un moribundo. Los llamados "infomerciales" en la pantalla chica, se habían encargado de metérnoslo por los ojos y los oídos durante seis largos años; casi desde que asumió la gubernatura del Estado de México, en relevo de su tío Arturo Montiel. Todos los días, a todas horas, sin un asomo de compasión por los televidentes, el monopolio nos hacía hincapié en que el retorno al poder de los alquímicos de la política nacional no significaba, necesariamente, un regreso a las execrables costumbres de nuestro oscuro pasado. "México ya cambió" nos repetían una y otra vez; "El PRI ya es otro", nos decían con una voz apremiante, que más parecía una súplica que un eslogan convincente. Después de tantas y tan ingratas experiencias ¿por qué habríamos de creerles? ¿qué han hecho, a lo largo de su controvertida historia que valga la pena rescatar? Escépticos, escuchábamos la perorata mediática priista, sorprendidos de la enorme capacidad gatopardiana que les es propia. Pero más nos sorprendía constatar que el PRI, a pesar de sus múltiples descalabros, sigue empeñado en considerarnos un país de necios. Sin embargo, desde un punto de vista completamente neutral, nos estaban hablando con la verdad, por lo menos con "su verdad", o lo que ellos consideran la verdad; porque después del tropiezo electoral del año 2000, que les costó la presidencia, a manos del panista Vicente Fox, los representantes del Revolucionario Institucional se dieron a la tarea

de renovar sus métodos de control político, con la publicidad
como punta de lanza, aunque sin tocar, ni con el pétalo de una
rosa, el anquilosado baúl de sus marrullerías. Ser tramposos está
en su naturaleza y no pueden, ni quieren modificar esa situación,
pues les ha rendido magníficos frutos a lo largo de su longeva
existencia. Con la modernidad, se volvieron más sofisticados, hay
que concederles ese punto... y más descarados. Cuando tenían
el control absoluto del poder, por lo menos hacían el intento de
aparentar una cierta legalidad en sus acciones, que los pintara
ante los ojos de la ciudadanía y del mundo, como un partido
ejemplar; ahora, en cambio, ejecutan sus fechorías a la vista de
todos, con las lentes de las cámaras como testigos.

Desde la óptica mercantilista, el brujo mexiquense Enrique
Peña Nieto (copia pirata de Harry Potter), era el único capaz de
implementar y ejecutar, sin que le temblara la mano, los conjuros
y las cábalas con las que todos seríamos felices, una vez superado
el ineludible escollo de las elecciones. Con la varita mágica de
la televisión como instrumento de sus hechizos; utilizaba sus
encantos para contarnos lo bien que le estaba yendo al Edomex,
debido a su ingénita sapiencia y su casi temeraria decisión para
hacer que las cosas pasaran. Era cosa corriente ver aparecer en
la pantalla chica, a campesinos agradecidos con su gobernador
por los beneficios otorgados; a amas de casa, a estudiantes, a
empleados comunes y corrientes, a la gente del pueblo, pues,
ponderando las cualidades y la bonhomía de su soberano.
Debido a su magnífico trabajo, el Estado de México se estaba
convirtiendo en un paraíso terrenal en donde nada malo ocurría,
aunque los talamontes medraran impunemente con los bosques
de la región, los feminicidios se multiplicaran escandalosamente
hasta rebasar a los de ciudad Juárez, en el estado de Chihuahua
y la familia michoacana hubiera sentado sus reales con el
beneplácito y complicidad de las autoridades mexiquenses.
Gracias al milagro de la publicidad, nada de esto era valorado por
la ciudadanía, porque no lo veían o no lo querían ver. El gobierno
del Edomex, nunca dijo cuánto costaba la propaganda adquirida,

ni de dónde salía el dinero para pagarla. Algunos ingenuos llegaron a pensar que era gratis y que se hacía, porque Enrique Peña Nieto era un personaje excepcional. Las mujeres lo amaban, por guapo y algunas conocidas mías, en secreto, me confesaron que tenían o habían tenido orgasmos oníricos por su culpa. Los hombres, los cincuentones sobre todo, lo envidiábamos. Una de las características más notorias en el aspecto físico del joven priísta, era su enorme y sobresaliente copete retro, muy al estilo de los rockeros de los años sesenta, del siglo pasado y muy pronto, en plena campaña por la presidencia, se convertiría en su distintivo característico (a falta de otra cosa, comprobaríamos después).

Lo que nunca se nos pasó por la cabeza, lo que no quisimos aceptar como cierto, a pesar de las evidencias y los constantes llamados de alerta de los líderes del Movimiento Progresista, fue que este grupo de mexicanos apátridas, comprometidos solamente con ellos mismos, estuvieran preparando la compra de la presidencia, aprovechándose de la fragilidad ideológica y los apremios económicos de una población brutalmente empobrecida. El presagio no podía ser más aterrador: Un partido de demagogos y una empresa sin escrúpulos, amancebados en el gobierno.

Muchos pueden pensar que éstas mal llamadas reflexiones, son en realidad el fruto inmaduro de una mente fantasiosa echando mano de conjeturas sin sustento. Nada más alejado de nuestras intenciones que eso. La única motivación que nos impulsa, es tratar de encontrar una respuesta a una pregunta simple, anclada en el ánimo de una buena parte de la sociedad... ¿Por qué perdimos? Y aunque nuestra muy personal percepción de los acontecimientos nos señala lo que a nuestros ojos es de elemental sentido común, nuestras autoridades electorales se han encargado de demostrarnos lo equivocados que millones de ciudadanos podemos estar, dándonos una muestra fehaciente e irrefutable, de que las cosas son como ellos dicen que son y no como nosotros las queremos ver. De hecho, una vez que el torbellino electoral se fue disipando como si fuera una delgada capa de neblina alcanzada por el sol, los atracadores, avalados por la parsimonia del IFE y las pintorescas resoluciones del Tribunal electoral, se dieron a la tarea de cuestionar la veracidad de todas y cada una de las pruebas en su contra, aportadas por los partidos de la coalición de izquierdas y el partido Acción Nacional. Llegaron a tener la osadía de decir que nada de lo ocurrido había ocurrido, realmente; que todo había sido un espejismo, producto de nuestra calenturienta imaginación. El poder judicial se apresuró a exculpar a los cómplices más beneficiados con el asunto de los dineros (banca Monex y Soriana) y poco faltó para que culparan a los partidos de oposición de las anomalías denunciadas por éstos: Es como si la justicia tuviera la desvergüenza de decir que la culpa no es del asesino, sino del muerto, por haber tenido la ocurrencia de cruzarse en el camino del matón. Tal vez lo único que los detuvo de llegar a ejecutar semejante barbaridad fue que les advirtieran que el horno no estaba para bollos y que la ciudadanía, ofendida, podría intentar un desagravio más directo y efectivo en contra de esas burdas maniobras… Que todos ellos tenían miedo, empezando por los tricolores, no cabe duda y éste miedo se reflejó nítidamente, por la forma en que los edificios del Tribunal electoral y el congreso fueron blindados con enormes vallas metálicas, por las que no pasaba ni el aire, a partir de que se declarara la validez de las elecciones, echando al bote de la basura todas las evidencias y argumentos de los partidos opositores al PRI y ante el temor de una reacción violenta por parte de una ciudadanía indignada por los descarados actos de vandalismo político que los dueños del poder ya ni se preocupaban por ocultar. ¿Quiénes pueden sentir un temor tan mal disfrazado, que lo induzca a refugiarse en bunkers desarmables y sacar a la calle a cinco mil policías, más que aquellos que tienen la conciencia sucia porque no ignoran que están cometiendo un delito a mansalva y que no faltaría quien se los quisiera cobrar? Solo los necios pueden creer que mofarse de los otros es un argumento válido en todo momento. Por supuesto, los que implementan estas estrategias ilegales, saben también que los momentos más difíciles y peligrosos para ellos, los momentos climáticos, por así decirlo, son los de los primeros días: "los días del furor irreflexivo" de las masas; los días en los que cualquier cosa puede ocurrir y para lo que nadie, en ninguna parte del mundo está preparado, porque no existe nada que pueda controlar la furia de una muchedumbre determinada a hacerse escuchar o que pretenda cobrar venganza por rencores atrasados; sobre todo, si dichos rencores están alimentados por el combustible de la frustración. Aunque, y éstos estrategas del caos lo tienen muy presente, después del vendaval viene la calma; una calma ficticia, desde luego, porque no está sustentada en verdaderos actos de desagravio que induzcan a la modificación, ni total ni parcial, de los actos infamantes que la provocaron. Conscientes de que la ira popular es espasmódica, lo único que tienen que hacer es mantenerse firmes en su determinación de llevar adelante sus consignas; hasta el límite de la intransigencia, si es necesario. No doblegarse, no ceder y mostrarse incluso agresivos y dispuestos a todo, hasta que las aguas retornen a su nivel y el peligro desaparezca. Afortunadamente para ellos, el populacho tiene prioridades más urgentes en que ocuparse que solo estar generando el caos por tiempo indefinido. Además, la gente sabe aguantar ¡oh, sí, sobre todo el pueblo mexicano; es aguantador, como pocos!

En mi pequeña familia, aquí, en Manzanillo, no estamos afiliados a ningún partido político, no pertenecemos a ninguna asociación, ni somos afectos a los actos multitudinarios (cuestión de seguridad, solamente) La mayoría de nosotros, sin embargo, simpatizamos y apoyamos la causa de López Obrador y por pura perspicacia, más que por otra cosa, el joven Peña Nieto no nos inspiraba ninguna confianza: Había algo de falso en él, algo de acartonado y artificial en su refulgente sonrisa que no lograba ocultar del todo, cierto aire desdeñoso hacia la gente que lo aclamaba en sus giras. Para nosotros resultaba desconcertante pero hasta cierto punto comprensible esa actitud. Lo mirábamos como a uno de esos seres privilegiados, deliciosamente inocentes en su fatuidad, que tienen que mostrarse siempre simpáticos y amables con los extraños, aunque en el fondo de su alma no sientan más que desprecio por ellos. La aparente indolencia que demostró frente a los acontecimientos cercanos a su entorno más íntimo, que lo alcanzaron como un latigazo inesperado, nos hizo pensar que estábamos frente a un tipo frio, insensible, como una piedra tirada a la mitad del camino; incapaz de demostrar sentimientos sublimes, como el amor o la piedad, ya sea porque tal vez los desconoce, o porque los mira como un lastre inútil en la ruta que se ha propuesto seguir. Así, su rostro inexpresivo parece incapaz de reflejar cualquier tipo de emoción. Cuando algo le disgusta, suele apretar la mandíbula en una mueca apenas perceptible y eso es todo. Pareciera que nada le afecta, que nada lo conmueve: Su carismática sonrisa de seductor profesional, sus finas maneras, la modulación en el tono de la voz, denotan claramente que pertenece al selecto grupo de hombres que nacieron y han sido educados para mandar, sin que les importe ninguna otra cosa. Sería un error de juicio, empero, creer que estamos ante la presencia de un hombre duro, de trato difícil y agrio carácter y aunque pudiera dar la impresión que no hay nada en el mundo capaz de sacarlo del marasmo en el que se desenvuelve, cuando por circunstancias ajenas a su voluntad, algo llega a salirse del control de la rutina programada, su figura se descompone y su cara refleja el asombro de no saber que pasó, o por qué. Ciertamente, no es una persona brillante, pero aprende rápido, aunque para muchos observadores no pasa desapercibido que sus exposiciones son dichas de memoria, como una lección aprendida apenas el día anterior, razón por la cual se equivoca constantemente y cuando esto ocurre, no sabe cómo salir del atolladero, entonces palidece con una gran rapidez, como si se mimetizara y su lengua se enreda hilvanando frases incomprensibles, más absurdas, cuanto más tiempo pasa sin recibir ayuda.

Esa es la razón por la que los miembros de su grupo cercano, procuran que los eventos en los que se tiene que presentar, se lleven a cabo siempre en ambientes controlados, con telepromter a la vista para disminuir lo más posible los riesgos de una bochornosa equivocación. Acaso eso es el pragmatismo, solo Dios puede saberlo. Siendo como es, un personaje de un primitivismo intelectual tan marcado, algunas aristas de su comportamiento no pueden soslayarse, pues están a la vista de todos. Una de las características más notables de los autócratas no ilustrados, es su alarmante debilidad por los halagos y el ciudadano Peña Nieto no es la excepción. En más de una oportunidad nos ha demostrado que no está vacunado contra las lisonjas y es total y completamente vulnerable a las zalamerías. Basta que alguien le dirija un elogio cualquiera, para que el mexiquense se derrita como una barra de mantequilla puesta al fuego. Cuando eso ocurre (cuando alguien pondera sus cualidades aunque sea por compromiso) su sonrisa se magnifica y su rostro resplandece como el de un niño con juguete nuevo. Entonces, sus ojos adquieren vida y brillan con la intensidad de un céfiro en una noche estrellada; su cuerpo se torna ágil y elástico y un torrente de energía parece inundarlo de pronto, contagiando su buen humor a la concurrencia que lo escucha. Pero éste aspecto de su carácter, que pudiera parecer un punto a su favor, es también su debilidad más peligrosa porque está dictada por la volubilidad del momento. Sus mentores no lo prepararon para el fracaso y el fracaso, como es bien sabido, conlleva la humillación y una humillación mal digerida puede dar origen a decisiones perversas o francamente canallas, emanadas de un momento de furor incontenible; justamente como ocurrió con sus predecesores: Gustavo Díaz Ordaz, Luis Echeverría Álvarez, José López Portillo y Pacheco, Carlos Salinas de Gortari. Mala mezcla, potencialmente explosiva, la de una rigidez casi autista y una movilidad exacerbada con una simple alabanza. De ganar las elecciones, el suyo seria, sin duda, un gobierno de arrebatos y planes atropellados, mal concebidos y peor ejecutados. No nos caía bien al principio, dado el origen privilegiado de su cuna; era un "rotito", decíamos, un perfecto inútil, incapaz de hacer algo por el mismo, un niñito bien, mimado y apapachado, protegido por los miembros de su entorno cercano. Pero, si esto era al comienzo de su trabajo como gobernador, después nos cayó francamente mal; sobre todo, cuando empezamos a enterarnos de algunas dagas cometidas en su gobierno. Por ejemplo, la extraña y sospechosa muerte de la niña Paulette, en un lujoso edificio de una zona de privilegio, cercana a la capital y la increíble resolución del caso por parte de las autoridades mexiquenses, que se apresuraron a exonerar a todos aquellos que hubieran podido tener algo que ver en el asunto, después de armar un circo mediático que mantuvo la atención del público durante varias semanas, a la manera de un reality show, o la carga de caballería implementada en contra de los manifestantes de San Salvador Atenco, en donde las fuerzas del orden del estado, agredieron ferozmente a la muchedumbre golpeando sin piedad no solamente a los hombres, sino también a las mujeres a muchas de las cuales subieron a los camiones que los transportaron, para violarlas y escarnecerlas. También estaba presente, en nuestro ánimo, el recuerdo de las recurrentes inundaciones en el valle de Chalco, provocadas por el rompimiento continuo de las paredes del canal del desagüe que dejaba toda la zona oliendo a mierda por mucho tiempo y nuestra pregunta inocente carente por completo de la más mínima malicia ¿por qué en lugar de gastarse el dinero del erario en propaganda para su lucimiento personal, el tal Enrique no lo destinaba a resolver de una vez por todas el problema de las inundaciones? Y la respuesta, chocante en sí misma, amasada con una buena dosis de cinismo y fatalidad, pero que es preciso remarcar porque no carece de sustento: Porque luce más tomarse la foto con las víctimas, entregándoles una pinchurrienta despensa, que solucionar un problema del cual al rato ya nadie se va a acordar y menos agradecer.

Poco a poco y me imagino que sin proponérselo, en sus noticiarios, la televisión nos entregaba la otra cara del candidato priísta, la verdadera, la que llenaba de angustia nuestros corazones, al constatar la ineptitud e insensibilidad manifiestas del gobernador mexiquense. Nuestros temores se agudizaban, porque muchísima gente, más de la que pudiéramos imaginar, estaba no solo de acuerdo, sino incluso impaciente, porque el magazo Peña Nieto transformara al país, todo, en un edén incomparable, igual que había transformado a su estado, con el simple poder de su maravillosa sonrisa. A estas miríadas de almas nobles, no les importaba saber, que cierta noche, el convoy en el que viajaba su familia, después de una corta estancia en el estado de Veracruz, fuera atacada por sicarios (presumiblemente zetas), en una especie de mensaje cifrado para el gobernador. Tampoco doblegó su ánimo el desconocimiento supino del que Enriquito hizo gala, de las causas de la muerte de su primera esposa. En cambio, fue un acontecimiento nacional su boda con la actriz que hasta hacia poco, había sido la figura principal en los promocionales de su estado. Enrique Peña Nieto era el figurín de telenovela con el que muchas mujeres soñaban: Su boda, sus actos, eran todos parte de un cuento de hadas digno de un final feliz y que mayor felicidad podía esperarse que ser nombrado y reconocido presidente de México.

¿Será posible, nos preguntábamos azorados, que le gente tenga tan mala memoria? ¿Tan pronto olvidaron el daño terrible que los priistas le causaron al país durante los largos años de su férreo control político? ¿Acaso somos un país de masoquistas? ¿Tanto nos acostumbraron a la mala vida que no podemos estar en paz si no tenemos problemas? Confieso que yo y muchísima más gente como yo, creímos verdaderamente que el PRI se había largado de Palacio Nacional para no volver nunca más, o que por lo menos pasarían eternidades antes de que los dinosaurios regresaran al poder y, de volver, deberían hacerlo bajo otras condiciones y con sus antiguos modos echados completamente a un lado. Pero resulta que no supimos domeñarlos, una vez que por fin logramos sacarlos de Palacio Nacional, no fuimos capaces de obligarlos a transformarse, a rectificar, a reconocer sus dagas y ponerles remedio. Antes, por el contrario, los seguimos alimentando y en lugar de una cadena fuerte que los sujetara por el pescuezo, nos conformamos con ponerles un lacito, creyendo ilusamente que nos iban a seguir sumisamente a donde quiera que los quisiéramos llevar. Pensando que los teníamos controlados, los dejamos hacer. Pero no fue solamente la actitud solapadora y alcahueta del nuevo partido en el gobierno, sino la de todos los partidos de oposición, la que permitió la sobrevivencia y aún el fortalecimiento del bichejo.

Por su parte y haciendo gala del gran descaro que les es propio, los priistas se comportaron siempre, como si no hubieran dejado de ser la mayoría abrumadora que había sido siempre y a la que había que acudir, necesariamente, para sacar adelante las propuestas y planes de gobierno que les allegaban. Pero, "la culpa no la tiene el indio, sino el que lo hace compadre" y el nuevo partido en el poder y los partidos de izquierda se lo permitieron siempre, aunque no sin cierta dosis de aspavientos, para evitar recelos o reclamos de la ciudadanía. Esto es, la oposición, a pesar de tener el control del gobierno, siguió actuando como oposición. Extraviados en el obscuro laberinto de sus propios intereses, los partidos de izquierda nunca supieron como ejercer una presión que les diera preeminencia al interior del congreso. Antes, se mostraron siempre obsecuentes y hasta sumisos con los caprichos legislativos priistas. Por omisión, por sumisión o por negligencia o por la simple falta de oficio político, que les impidió ver a futuro, permitieron que el tricolor fuera colocando a sus personeros en los puestos más importantes de las instituciones clave del entramado gubernamental: IFE, TRIFE, SCJN. Al interior del congreso, siempre le permitieron que se agandallara con la presidencia y el control de las comisiones políticas de mayor peso estratégico, para desde ahí, vetar o modificar acuerdos según su conveniencia. Muy pocas veces los priistas mostraron empatía con las necesidades más apremiantes del país y obraron en consecuencia, pero, aun en esas excepcionales ocasiones, se hicieron pagar a precio de oro su magro apoyo. Siempre rechazaron o modificaron leyes que se refirieran a la rendición de cuentas, o que instituyeran de manera definitiva una transparencia real en el quehacer gubernamental. Acorde a su génesis tramposa, lucharon por la opacidad y la impunidad y las consiguieron cuantas veces fue necesario. Nunca les interesó una verdadera reforma política, una reforma hacendaria de fondo, que impidiera la evasión fiscal de los grandes corporativos; una reforma educativa, una reforma en salud, si no era en sus términos y bajo sus condiciones. Menospreciaron o hicieron a un lado todo lo que pudiera referirse a cultura y deporte; al cine nacional lo obligaron a mendigar y si hablamos de ciencia, peor tantito, siempre mostraron muy poco interés por el tema. Sin embargo, mediante espots televisivos e inserciones pagadas en los medios impresos, se aseguraron de hacerle creer a la gente que trabajaban por ella, que no había sino buenas intenciones en cada uno de sus actos, claro que se han cuidado y mucho, de que nadie se entere de los verdaderos motivos detrás de sus chingaderas. Pero son intuitivos, tienen un colmillo muy retorcido y gozan de la estima popular en grandes regiones del país y más por los errores de la oposición, que por sus cuestionables aciertos, lograron recuperar espacios y gubernaturas que sus contrincantes les habían arrebatado: Tlaxcala, Baja California Sur, Zacatecas, Michoacán y Chiapas, al PRD. Chihuahua, San Luis Potosí, Yucatán y Aguascalientes al Pan. Esto les permitió el control de importantes espacios geográficos para el gran salto que se estaban preparando a dar.

En Manzanillo, el tren de la campaña priísta parecía correr sin contratiempos rumbo al destino fijado. Intempestivamente, una serie de eventos en cadena, hicieron el milagro de que los priístas porteños empezaran a dudar del resultado de sus esfuerzos: Empezó con la FIL de Guadalajara, en donde el mismo candidato se encargó de demostrar su terrible ignorancia y su enorme incultura, al no poder recordar siquiera, el título de un libro que hubiera leído completamente; siguió con las torpes respuestas dadas en entrevistas en España, en donde no supo responder cuánto costaba un kilo de tortillas y dijo, en cambio, que él no era "la señora de la casa", dando a entender que le valía madre el costo de un producto de primera necesidad. Continuo con las maltratadas periodísticas que le dieron en entrevistas para la televisión en CNN y Telemundo y llegó a su punto más alto con la corretiza que le pegaron los estudiantes de la universidad Iberoamericana, de donde lo corrieron con cajas destempladas. Estaba también el ridículo increíble que hizo, cuando intentó leer algunas frases en inglés y solo pudo balbucear algunas palabras incomprensibles, que a un estudiante de secundaria le hubieran provocado risa. En un cortísimo espacio de tiempo, Enrique Peña Nieto, el candidato del PRI, pasó de ser un personaje etéreo, al hazmerreir de buena parte de la población. Incluso priístas de viejo cuño, de esos que están en las buenas y en las malas con su partido, se lamentaban de las continuas torpezas de su candidato. Fue declarado oficialmente pendejo, según consta en un video presentado y mantenido en Youtube. Los verdaderos demócratas de nuestro país, los progresistas en serio y por supuesto, los socialistas, estábamos de plácemes. Sentíamos que el propio Peña Nieto nos abonaba el camino hacia la toma del poder. A partir de esos acontecimientos, toda clase de versiones y rumores empezaron a circular a nuestro alrededor: Que si le había pegado a la gaviota (su reciente esposa) porque en realidad es un misógino irredento, que si sus tan cacareados "compromisos cumplidos", en el Estado de México no lo habían sido en su totalidad, que si en realidad era un tramposo, un mentiroso, un prepotente y manipulador. Pero sus asesores políticos, de la mano de sus asesores de imagen, no se durmieron en sus laureles (para algo sirve el billete, digo yo) y rápidamente encontraron una eficaz solución para contrarrestar el daño. El primer paso, consistió en que su candidato salió a los medios a decir que nos perdonaba a todos "Todo mundo tiene derecho a expresarse, aunque sea en mi contra; bienvenida la crítica". El segundo paso: Cada vez que las cámaras le hicieran tomas de acercamiento, debía poner carita de gato con botas. Parece que les funcionó, entre otras cosas, porque sus opositores en la carrera presidencial no hicieron hincapié en sus errores, ni cuestionaron sus chambonadas políticas, ni lo presionaron en sus puntos débiles que estaban surgiendo a la luz pública, como sacados de una chistera…. "No voy a caer en provocaciones", repitió una y otra vez… y lo dejaron en paz. "He aquí un político moderno, pensamos nosotros: Perfectamente ignorante, peligrosamente intolerante, incomprensiblemente arrogante y pretencioso. Sordo y ciego, como complemento ideal. Acéfalo de los rudimentos más elementales de su profesión".

Por nuestra parte, ante la avalancha de la publicidad Peña-nietista, muchos ciudadanos conscientes del puerto, nos dimos a la tarea de realizar un invisible y desgastante trabajo de hormiga, persona por persona: En nuestros centros de trabajo, en eventos sociales, en las pláticas de banqueta que tanto se acostumbran en nuestra ciudad. Con buenas razones, con argumentos sólidos, intentábamos hacerle ver a nuestros interlocutores que Enrique Peña, en realidad, es un indigesto producto chatarra, de esos que elevan el colesterol y nos hacen ver nuestra suerte después de haberlos ingerido, por el alto contenido de sustancias nocivas de que está hecho. Un producto chafa de la televisión privada nacional, empeñada en vendérnoslo como una maravilla llena de cualidades inexistentes. Insistíamos ante nuestros oyentes, una y otra vez, diciéndoles que el candidato priista, era solamente un personaje de teatro guiñol. Que había alguien atrás de él, manipulándolo, aconsejándole lo que tenía que decir y la manera como debía pararse para verse siempre bien, pero que detrás de la carita y las poses no había sustancia ni nada que valiera la pena comprar.

Sin embargo, no podíamos perder de vista que vivimos en un estado eminentemente priista, en el que el partido Acción Nacional juega un papel bastante secundario y en el que el PRD tiene una presencia casi simbólica, para no hablar de los demás partidos de izquierda, que prácticamente brillan por su ausencia. Era un camino difícil, cuesta arriba, hablar de todas estas cuestiones, que nosotros consideramos importantísimas, con cada persona que tenía la amabilidad de escucharnos, tratando de convencerlas de nuestros puntos de vista. La gente, en la mayoría de los casos bastante respetuosa, nos escuchaba con aparente interés, pero terminaba por marcharse sin quedar completamente convencida de lo que habían escuchado. En el hospital era la misma cosa; aunque teníamos mucha más tela de donde cortar por la gran cantidad de usuarios que acuden a nuestras instalaciones.

Si en el inter de nuestro trabajo, surgía alguna inconformidad por las deficiencias en el servicio, aprovechábamos para hacerles notar a los quejosos que dichas deficiencias eran una consecuencia directa de votar por los candidatos y los partidos equivocados. Algunos aceptaban nuestros argumentos; otros, en cambio, subían a quejarse con el director. Pero no perdíamos la esperanza. Estábamos seguros de que nuestros escuchas de alguna manera se harían eco de nuestras inquietudes y las propalarían como una onda expansiva con sus propios conocidos. Teníamos la certeza plena de que las evidencias, por sí mismas y nuestros apasionados planteamientos, harían que la gente reflexionara seriamente sobre las consecuencias de una decisión equivocada a la hora de emitir su voto.

Entonces llegó la hora de los debates entre los candidatos y un cierto hálito de incertidumbre y resquemor se nos fue metiendo inevitablemente en el cuerpo, como una mancha de humedad apoderándose imperceptiblemente de una pared, hasta terminar por descarapelarla dejando los ladrillos pelones. Un viejo lobo estepario contra dos bisoños corderos y una palomita sin alas, serían un bocado muy fácil de digerir. Pero el lobo no tenía hambre y solamente tiró una tarascada al final del primer encuentro.

"Los está dejando vivir para la segunda ronda, porque quiere conocer de primera mano sus puntos flacos", pensamos algunos despistados, confiando en que se trataba de una estrategia muy inteligente del lobo para acabar con sus rivales en el segundo round. Sin embargo, el segundo debate nos mostró a un lobo aún más indolente que en la primera ocasión.

"Al mal tiempo, buena cara". Tratando de remendar los daños evidentes, los asesores del lobo se apresuraron a ponderar la actitud del cánido, diciendo que se había dedicado a exponer y defender sus propuestas de gobierno, en lugar de enfrascarse en una lucha estéril, de resultados inciertos… ¿ ?, ¿what? ¿cómo dice que dijo?

En el ínter, tanto los representantes del partido Acción Nacional, como los de la coalición de los partidos de izquierda, habían denunciado ante el IFE y los medios masivos de comunicación, el escandaloso rebase en los topes de gastos de campaña del candidato del PRI. Los representantes del tricolor salieron a decir una y otra vez, que no era cierto, que la oposición los calumniaba, que estaban más que dispuestos a demostrar lo honrados y eficaces que son en la organización de campañas electorales; pero millones de ciudadanos no nos tragábamos el embuste priista, pues el derroche era no solo abrumador, sino ofensivo. Tanto, que ni siquiera los ciegos de nacimiento podrían haberlo ignorado. Bueno, estamos hablando de gente que en verdad sabe ver a su alrededor; de gente consciente, de personas amantes de la justicia y la verdad, que no pueden evitar escandalizarse ante la magnitud de hechos o situaciones que son francamente condenables, porque están a todas luces fuera de la ley. De gente que piensa que cualquier competencia debe ganarse sin trampas, sin corruptelas, sin "agandalles" de los que pretenden obtener el triunfo. Pero los consejeros del IFE, por desgracia, no son de ese tipo de personas, se hicieron guajes como es su costumbre, emitiendo declaraciones banales para distraer al respetable todo lo que fuera posible y solo unos pocos medios de comunicación se hicieron eco de la denuncia a cabalidad. No hay, en México, época más propicia, ni mejor, para lograr nuestros cinco minutos de fama en la televisión

que las campañas por la presidencia de la Republica: Todo el
mundo aprovecha para "opinar", predecir, denostar, amenazar o
injuriara sin más límites que los de su propia imbecilidad (como
la de Vicente Fox o Diego Fernández de Cevallos). Pueden darle
gusto a la lengua sin recato porque, según ellos, en una campaña
electoral todo está permitido. Entre tanto, las evidencias del rio
de dinero del PRI se acumulaban sin cesar, mientras la opinión
pública miraba entre indignada y divertida, el rejuego de todos
los partidos tratando de llevar agua a sus respectivos molinos. A
éstas alturas del partido, el interés general se había despertado
y todos estábamos atentos al resultado de esa lucha feroz, en las
alturas, por la conquista del poder.

No puedo pasar por alto, que en éste tipo de trabajos las
referencias bibliográficas son un aspecto muy importante, casi
tanto, como el contenido mismo de lo escrito. Estoy consciente
de que, cada tanto, se debe subrayar lo expresado acerca del
tema, por tal o cual autor de reconocida importancia y si el autor
en cuestión goza de un cierto prestigio internacional, mucho
mejor. Sin embrago y haciéndome eco de lo expresado hacia
principios del siglo XVI, por el inmortal "Manco de Lepanto", en
la presentación de su excepcional "Don Quijote de la Mancha",
afirmo que en mi caso particular, tal medida es innecesaria
porque mi escrito no tiene ningún afán academicista; esto
es, estas reflexiones no están dirigidas a los sabios eruditos de
nuestra lengua ni a los impolutos críticos y filólogos a los que
les gusta recorrer los escritos con lupa en busca del más nimio
error para después denostar con toda la carga de su sapiencia al
infortunado autor… Me pregunto, si acaso una lista interminable
de fichas bibliográficas harán que mejore la calidad de un escrito,
cualquiera sea su naturaleza. Sinceramente, no creo que ningún
lector tenga la menor intención o la paciencia, de verificar si lo
que digo yo concuerda con lo que dijo otro antes de mí. Sería
ocioso, me parece, intentar comprobar si un trabajo determinado
pudiera tener concordancias con el trabajo de otros escritores.
Aunque los academicistas crean lo contrario y por eso exijan

una lista interminable de referencias. Porque, en este punto, la cuestión tiene dos vertientes simples e interesantes: A)- Si se basa un escrito en una relación necesariamente arbitraria de lo que otros han dicho sobre un tema determinado, antes que nosotros... ¿qué caso tiene que alguien más escriba sobre lo mismo? B)- Siguiendo la normatividad de éstas reglas absurdas, nunca podremos conocer el pensamiento real de un escritor, pues el mismo se habrá diluido o decantado por la influencia de los escritos que le antecedieron. Pero, además, está la enorme hueva que representa el estar buscando unas referencias que, repito, a nadie le interesa leer o investigar.

Podrán entonces acusarme de laxo o de holgazán, pero pienso, sinceramente, que la culpa de tal calamidad debería recaer en la influencia que ha dejado en mí, la lectura de los escritos Rulfianos; parcos en la descripción, pero profundos y eficaces en la interiorización de las razones humanas. Aunque confieso que prefiero reconocerme como un discípulo tardío, aunque lerdo, del maestro Nicolái Vasílievich Gógol, que no se andaba por las ramas para decir lo que tenía que decir en el momento preciso. Así pues, estas páginas están pensada para la gente común, para el ciudadano de a pie. Para aquellas personas que tienen que levantarse casi de madrugada para prepararse para ir al trabajo y que aprovechan las enormes distancias recorridas en el micro o en el metro para echarse una pestañita que complemente su sueño. Para los trabajadores, hombres y mujeres, que cada fin de quincena se truenan los dedos porque ven con angustia que no les alcanzará lo que tienen para cubrir el chivo y empiezan a buscar mentalmente a quien pedirle prestado, porque les da pena echarle el sablazo siempre a los mismos conocidos; o se desesperan porque hay que pagar algunas deudas impostergables y la tanda les toca hasta el siguiente mes.

Si, este pequeño trabajo mío, está dirigido a la prole, a la plebe, a la "naquiza": esa naquiza de la que tanto se chancean en facebook y en twitter los hijos de algunos personajes encumbrados, con comentarios ofensivos y discriminatorios revestidos de una augusta intolerancia, porque hablan de cuestiones que les son ajenas o completamente desconocidas. Estas pequeñas sanguijuelas nunca han tenido que mover un dedo para gozar de los privilegios que ostentan, ni conocen el significado de las palabras esfuerzo o sacrificio. A buen seguro, desconocen lo más elemental de nuestra historia patria y es muy probable que tampoco sepan la letra del himno nacional, ya no digamos, la letra completa, tal vez ni siquiera las primeras estrofas. Tal vez algunos de entre ellos, ostenten algún título universitario, pero es posible que dicho título les haya sido otorgado para poder quitárselos de encima, dado lo problemáticos que suelen ser. O que se los hayan dado por presiones o chantajes de los propios padres o sus achichincles. ¿Será ese el caso de Peña Nieto?

De cualquier forma, nada justifica la arrogancia y la prepotencia con la que se ostentan; sobre todo, si tomamos en cuenta que estos bichos ricachones lo único que han tenido que hacer toda su vida es estirar la mano para que papi o mami les den lo que piden. Así, pues, el dinero parece ser la única barrera que los distingue y separa de los nacos de los que tanto se chancean. Pero ni siquiera lo han contemplado así, ¿cómo podrían? Al exhibirse públicamente, haciendo ostentación de una riqueza que ellos no han construido; o echando mano de la burla hiriente, o el escarnio, para denigrar a los que no son como ellos, demuestran que no tienen clase, ni estilo y lo único que consiguen es reafirmar la especie de que… "Dinero non da, lo que natura non otorga" ¡bueno por ahí va la cosa! En tal sentido, parecería una casualidad que se estuvieran dando a conocer justo en la parte más importante de la campaña de Enrique Peña; tan ignorante e inculto, como ellos. Pero, visto desapasionadamente, es muy normal que así suceda, pues no debemos olvidar el refrán que reza. "Dios los crea y ellos se juntan".

Si el candidato del PRI fuera una persona inteligente, culta, honesta, lo más seguro es que esta pléyade de "analfabrutos" adinerados se mantendría en las sombras, pero si su homólogo ha aspirado a gobernar el país con grandes posibilidades de conseguirlo, entonces, ellos se manifiestan para que el "rorrin" se sepa acompañado por los de su misma especie. Suena desconsolador, pero así es.

Ante la evidencia alarmante, del número tan grande que estos palurdos parecen representar; creemos, como se dice ahora… "firmemente", que bien podríamos incluirlos en una nueva clasificación biológica que los aglutine y los describa y a la que podríamos darle el nombre de "Angor-Encefalis", pues es más que probable, que estudios posteriores hechos en estos especímenes, demuestren sin lugar a dudas, que carecen de masa encefálica como tal y que el espacio intracraneal está ocupado por dos amígdalas que impiden el desarrollo del intelecto cognoscitivo y que esa sea la causa de su comportamiento silvestre. O tal vez, ese odio disfrazado de burla, sea una especie de mea culpa de su sub consiente, que les recuerda cada tanto, el origen perverso de sus fortunas y les hace ver en el espejo la clase de nacos que en realidad son.

# CAPITULO II

---○---

# NUNCA ME MANDAS FLORES
## (BARBARA STREISAND)

En mi casa, acostumbramos ver Milenio televisión; principalmente el noticiario de las diez de la noche, con Ciro Gómez Leyva, para la hora de la cena y no podemos dejar de preguntarnos con una cierta nostalgia en nuestros rostros incrédulos ¿en dónde está el Ciro Gómez Leyva de canal 40? ¿Qué pasó con el periodista crítico, luchón, apasionado, que se constituyó en un muy corto espacio de tiempo, al lado de la también periodista Denisse Maerker, en un referente importante de las noticias por televisión en México? ¿Qué fue de aquel periodista incisivo, que trabajó afanosamente buscando la verdad en torno al asesinato de Luis Donaldo Colosio? Del periodista que presentó en la pantalla chica, por primera y única vez, un video que le hizo llegar el fallecido Eduardo Del Valle "El búho", avecindado para ese entonces en algún lugar de los Estados Unidos como medida de protección para él y su familia pues tenía la convicción plena de que lo querían matar, igual que habían asesinado a otros personajes indeseables para el gobierno y en donde, después de filtrar ruidos y silenciar lo más posible sonidos y gritos producidos por los concurrentes a un mitin del ex candidato priista, se escucha nítida la voz de una mujer que, alejada del templete, le gritaba a Colosio que tuviera cuidado, que lo querían matar?

La escena es terrible, estremecedora, hace que se congele la sangre en las venas: Una doña de mediana edad, gritándole desesperadamente una advertencia al candidato Colosio;

32

impotente, intentando hacerse escuchar en medio del escándalo producido por la multitud: Un candidato sonriente que no escucha, porque su atención está puesta en otro lado: una multitud que ahoga en un mar de ruido el aviso premonitorio. ¡Tenga cuidado, lo quieren matar!.. Y en efecto, lo mataron poco después, en otro mitin, en Lomas Taurinas, en Tijuana. Todavía guardo en algún recoveco de mi memoria, como una reverberación, las imágenes impresionantes, congeladas en el tiempo de ese video. Y aún me pregunto… ¿Quién era esa mujer? ¿De dónde procedía? ¿Cómo supo del complot que se tramaba en contra de Luis Donaldo? Y lo más importante… ¿En dónde está? ¿Qué fue de ella?… Misterio, como la mayoría de las cosas que ocurren frecuentemente en nuestro país y de las cuales no volvemos a enterarnos nunca más y que pasan, por ese motivo, a ser parte del México surrealista que muchos celebran como parte de nuestro folclor.

Este Ciro Gómez Leyva de Milenio televisión, que se aparece cada noche ante nuestros ojos, mientras sorbemos la sopa, no tiene ninguna relación con el periodista de antaño. Este Ciro de ahora, ni siquiera se esfuerza por ocultar su condición filo-priísta. Tampoco puede ocultar su animadversión por los partidos de izquierda o por todo lo que huela a socialismo. La ineludible mención de Andrés Manuel López obrador, en tanto material periodístico, le produce tiricia (escalofríos). No pierde oportunidad de denostarlo, de ningunearlo, de zaherirlo con comentarios desdeñosos; indignos de alguien que quiere aparecer ante el teleauditorio, como un personaje razonablemente objetivo; pero está perdido, atrapado en su propio laberinto de intereses encontrados, Hace tiempo que el buenazo de Ciro perdió la objetividad. Tal vez se cansó de un trabajo en solitario que poca o ninguna satisfacción le reportaba, tal vez comprendió la futilidad de procesos de investigación periodística, que la mayoría de las veces no conducen a nada. A lo mejor sus amigos le hicieron comprender que no podía subsistir indefinidamente, con sobresaltos y situaciones estresantes gratuitas, por culpa de reportajes comprometedores; como cuando denunció las trapacerías de Marcial Maciel, el execrable fundador de Los Legionarios de Cristo y se les vino el mundo encima a él y a Javier Moreno Valle, el desafortunado dueño de Canal 40, de la mano de Lorenzo Servitje, dueño a su vez de la panificadora BIMBO, al que la noticia le pareció una blasfemia imperdonable y entonces maniobró con sus cuadernos industriales para que le retiraran la publicidad al diminuto canal, con lo que lo llevaron a la ruina. No le importó dejar en la calle a poco más de cuatrocientos trabajadores. Y el tiro de gracia que les propinó poco tiempo después Ricardo Salinas Pliego, el abusivo y prepotente patrón de tv Azteca, que se robó, en forma descarada, a la vista de todos, las instalaciones de la desdichada televisora, sin que ni los directivos ni los trabajadores pudieran hacer nada para impedirlo. Ante el atraco vil, una nube de reporteros se apostó en la sala de espera del aeropuerto de la ciudad de México, para preguntarle a Vicente Fox, a la sazón presidente de México, que regresaba de las vacaciones decembrinas, de qué manera pensaba intervenir para detener el atropello y restablecer el estado de derecho y la respuesta inaudita del mandatario dejó atónitos no solamente a los periodistas, sino a la nación toda "¿Y yo por qué?" Recordándonos, una vez más, que en nuestro país las leyes valen lo que se le unta al queso… (Pura madre). Si, posiblemente Ciro Gómez Leyva comprendió que la mejor manera de evitarse mal pagos y sinsabores es cobijándose a la sombra de los hombres del dinero, en vez de pelearse con ellos. No me imagino que pudo haberle ocurrido, pero de que es otro, distinto y altanero, de eso no me cabe la menor duda.

Tres meses antes del primero de julio, Ciro presentó con bombos y platillos ante el teleauditorio, lo que llamó, "una novedad periodística en la televisión mexicana". Se trataba de dar a conocer una encuesta diaria, levantada por la empresa GEA-ISA y avalada por el corporativo Multimedios, representada por Milenio-televisión. Cada noche, los televidentes tendríamos la oportunidad de enterarnos de cómo marchaban las cosas en las preferencias electorales de cada uno de los partidos políticos y sus candidatos en la carrera por la presidencia de la República. Un Ciro Gómez Leyva exultante, ponderaba las bondades de presentar, al estilo gringo, una encuesta diaria del proceso electoral de 2012. "Es la primera vez que se lleva a cabo un trabajo de ésta magnitud", repetía sin cesar. Un día antes, se había encargado de despedir al director general de Gabinete de Comunicación Estratégica (GCE), con el que habían venido trabajando hasta entonces, porque dicha casa encuestadora se había equivocado grandemente en sus pronósticos sobre el vencedor en la elección para gobernador del estado de Oaxaca. Así pues, la mesa estaba puesta para que los ciudadanos disfrutáramos de un postre de porcentajes después de haber engullido la cena.

Todo comenzó de un modo aparentemente normal, con el candidato del PRI a la cabeza de las preferencias electorales, con una marcada ventaja de casi 20 puntos porcentuales y un margen de error, según la encuestadora, de entre el 3 y el 4%. El porcentaje de indecisos era muy alto, rondaba también el 20%. Y continuó hasta el fin del proceso, sin que las cifras variaran, apenas unos pocos puntos; pero esos pocos puntos eran a favor, ya de Josefina Vázquez Mota, ya de Andrés Manuel López Obrador. A Enrique Peña Nieto no lo despeinaba ni el aire; era como esos papalotes de papel periódico que volábamos de chamacos y que se mantenían plácidamente en las alturas sin que nada los perturbara. Al mes de estar viendo los reportes diarios de GEA-ISA, supimos que la lógica no formaba parte de su cuadro de herramientas de trabajo. No nos tragábamos el embuste. No solamente porque Peña Nieto nos caía gordo a más no poder, por sus poses de muñequito de sololoy metido en una vitrina para que nadie lo manoseara, sino porque tal parecía que sus regadas de tepache, la demostración nítida y continua de su ignorancia, su falta de control en situaciones difíciles eran un aliciente para que la gente lo siguiera apoyando sin restricciones… Y entonces la pregunta obligada: ¿De veras los mexicanos somos tan pendejos? ¡No! Nos respondimos casi al instante, lo más probable es que las encuestas estén arregladas; de otra manera ¿cómo se puede uno explicar esa aberración?

Mi mujer, que es más mesurada y sensata que yo, me dijo un día... -Sabes, yo creo que los de GEA-ISA le preguntan siempre a las mismas personas en el mismo lugar y por eso las cifras no varían. Llegó a tanto el cinismo de la encuestadora, que terminamos por mandarlos al diablo. Pero creo que mi mujer no estaba tan errada en sus apreciaciones; porque nosotros nunca vimos aquí, en Manzanillo, ni en Colima, la capital del estado, a nadie que anduviera haciendo preguntas para llenar un cuestionario electoral. Y si no lo hicieron en la capital, ni en el puerto, que son ciudades de mediana importancia, menos lo iban a hacer en los pequeños poblado y rancherías no nada más de aquí, sino de cualquier otra parte del país. ¡Carajo! Sin embargo, parecía que los únicos que no se daban cuenta de su regazón, eran los encargados de la televisora y sus nuevos socios encuestadores que, entusiasmados, nos recetaban todas las noches la misma encuesta truqueada. O a lo mejor si lo notaron y a pesar de ello siguieron adelante con su juego de cifras absurdas porque, en el fondo, de eso se trataba, de que aceptáramos como lógico, algo que no lo era. Quiero aclarar, que no somos miembros recientes del club del sospechosísimo; los trancazos de la vida nos han vuelto desconfiados y precavidos a más no poder; pero además, está el viejo y conocido refrán (en honor a Chespirito) que reza más o menos así: "Piensa mal y acertarás". De tal modo, que es muy difícil que nos jueguen el dedo en la boca.

Los seres humanos somos animales de costumbres recurrentes y en mi casa, no somos la excepción. Atrapados en una red de rutinas casi inalterables, nos dedicamos más bien a nuestro trabajo. Pocas veces vamos al cine; en parte, porque la oferta cinematográfica se ha constreñido de manera muy lamentable y en parte por apatía. Algunas reuniones familiares y ya casi ningún paseo con la familia. Los chamacos crecen rápidamente y empiezan a jalar por su lado; ya no les seducen nuestras invitaciones que les parecen poco atractivas y con un fuerte olor a viejo que no soportan. Muy raramente salimos a comer o cenar fuera; hace tiempo que dejamos de contar con algún excedente en metálico, porque los gobiernos de los últimos lustros se han encargado de disminuir significativamente nuestros de por sí, magros salarios, de tal manera que solo nos queda lo indispensable para irla pasando, mientras rogamos al cielo porque no se presenten imponderables que nos obliguen a endeudarnos más de la cuenta. Así que continuamos viendo las "noticias" a "wilson" en Milenio, por más que supiéramos que su cacareada encuesta diaria fuera una completa vacilada. La increíble inamovilidad de las cifras dadas a conocer todas las noches, hicieron que Andrés Manuel López Obrador se olvidara por completo de sus afanes amorosos y se enfrascara en una retahíla de dimes y diretes con las principales televisoras del país. No dejaba escapar la oportunidad de señalarlas como peña-nietistas descaradas. En muchas ocasiones aseguró que las encuestas de todas ellas y de algunos otros medios de comunicación, estaban manipuladas para mantener al candidato del PRI, artificialmente a la cabeza en la intención del voto de la gente. Por supuesto, los aludidos siempre negaron la cuestión y aún se decían ofendidos por lo que llamaban "infundios del candidato de las izquierdas". Poco tiempo después, los hechos le darían la razón al Peje. Cierta noche, incrédulos, vimos las imágenes que mostraban a Enrique Peña Nieto siendo corrido de la Universidad Iberoamericana, en medio de abucheos, reclamos y rechiflas por parte del estudiantado de ese plantel. ¿Qué te parece? Hasta los de su misma clase social lo mandan a la chingada. ¡Qué felicidad! ¡Qué maravilla! ¡"Qué güena onda, carnal, me cai"! Sorprendentemente, increíblemente, los porcentajes de las encuestas se mantuvieron incólumes. ¡"Tenga perro su virote"!

Aparte de las tales encuestas y la propaganda con las que nos agredían diariamente, otra de las armas utilizadas por el jovenazo Peña, para dar a conocer su imagen y sus, dizque propuestas; era el manejo de sus cuentas en internet, concretamente en Twiter y facebook. Y aún la página de Youtube y la de Amazon y muchas otras, estaban atiborradas de propaganda a favor del candidatazo. ¿Todo esto era gratis? ¿Cuánto costó? ¿De dónde salió la lana para pagar ese alud propagandístico? No podías acceder a alguna página, sin que una lluvia de imágenes del señor Peña te avasallara sin que lo pudieras evitar. Era tan abusiva, que la mayoría de las veces preferíamos desconectarnos que no estar soportando tal agresión. Ni siquiera la exhibición pública de un bochornoso tuit de su hijita, llamándonos plebes envidiosos parecía hacer mella en su imagen de triunfador: Sobre todo, porque al día siguiente Enriquito salió a los medios a decir que había hablado con su niña y le había recomendado que fuera tolerante y comprensiva (con la prole). Si, Peña Nieto cabalgaba en caballo de hacienda... Hasta que a sus asesores se les ocurrió que debía visitar los planteles universitarios para granjearse a la chaviza. Pero solamente las universidades de paga, of cors, con los suyos; para que lo apapacharan y se tomaran la foto con él y no correr el riesgo de que el control se les saliera de las manos...Je... Je, je... Je, je, je... ¡Juar, juar, juar, juar! "Se les volteó el chirrión por el palito". Les saltó el tigre por donde menos lo esperaban... ¡"endejos"! El ridículo total, ante el más que elocuente rechazo del estudiantado, el candidato tricolor se refugió, primero, en los baños y después tuvo que salir del plantel con la cola entre las patas. (Aquí podemos entonar una estrofa de la canción de Cuco Sánchez, "Fallaste corazón", como complemento).

> Y tú que te creíste, el rey de todo el mundo.
> Y tú que nunca fuiste capaz de perdonar.
> Y cruel y despiadado, de todos te reías.
> Hoy imploras cariño, aunque sea por piedad.

Avalancha por avalancha: Como si hubieran estado esperando el momento propicio para externar su desacuerdo con el sangrón y pomadoso candidato priísta, una verdadera lluvia de mensajes, frases y videos ingeniosos le cayó encima al tal Peña Nieto, denostándolo, exhibiéndolo en toda su mediocre realidad. Pero ni con eso el resultado de las encuestas de GEA-ISA variaron gran cosa, ¿será posible? Que haya enseñado el cobre tan lamentablemente, era solo cuestión de tiempo; que eso no lo afectara públicamente, escapaba al más elemental sentido común.

La noticia que nos llamó la atención esa noche, sin embargo, no fue la corretiza a Peña Nieto, sino que las televisoras se apresuraran a decir que no eran estudiantes de la Ibero los que habían cometido tal sacrilegio, sino porros infiltrados, tal vez pagados por alguien del Movimiento Progresista para poner en ridículo al rorrin. Más tardaron en inventar su canallada, que en ser desmentidos de manera contundente e inobjetable por los propios estudiantes de esa universidad, que mostraron sus rostros y sus credenciales y subieron inmediatamente el video a Youtub... Eran 131 y se agregaron muchos más con la consigna: #Yo soy 132. Fue tan inesperada y abrumadora la respuesta estudiantil, a la que de inmediato se le sumaron más universidades privadas, que a los medios no les quedó más remedio que recular y tragarse su infundio. Pero los muchachos estaban encarrilados y encabronados por el manejo doloso de la información y no se conformaron con enviar mensajes de texto por sus celulares; también salieron a las calles para exigirle a los medios, principalmente a las televisoras, no solamente que se retractaran, sino que fueran imparciales y veraces con el manejo de la información y dejaran de manipular los hechos a su conveniencia. Algunos conductores como Carlos Loret de Mola, intentaron pasarse de listos (siempre hay un gandalla que se siente más chingón que los demás) y los invitó a que expusieran sus quejas y demandas en un noticiario de poco rating y en un horario infame, a lo que los estudiantes se negaron, respondiéndole, que puesto habían sido agraviados en los informativos más importantes de la televisora, exigían ser escuchados en los mismos espacios. Reconozco mi propia falta y expreso mi admiración y respeto por esa actitud valiente, inteligente y decidida de los estudiantes "nice"; por esa lección de civismo motivador que muchos habíamos olvidado. Nos causaron una muy agradable sorpresa y dejaron con la boca abierta a más de uno.

La nota discordante en el juego encuestatorio lo dio María de las Heras, que después de todo el alboroto mediático causado por los sucesos en La Ibero, ubicó a López Obrador cuatro (4) puntos por arriba de Enrique Peña Nieto. Pero eso era inaceptable para Milenio, GEA-ISA que se apresuraron a descalificar dicho resultado, remarcando que el trabajo profesional que estaban llevando a cabo no tenía desperdicio: 1152 entrevistas cara a cara, todos los días no dejaban lugar a dudas; Enrique Peña Nieto y nada más. Pero la trampa estaba en esa pequeña cifra y en el modo como jugaban aritméticamente con ella todos los días, aplicando una simple regla de tres, porque resulta que los porcentajes que nos ofrecían cada noche, estaban amarrados, revueltos, diluidos, alterados, con los resultados de los dos días anteriores: Si las matemáticas no fallan, 1152 entre tres, que son los días con los que obtenían sus porcentajes, da como resultado... 384. Esto es, que mañosamente solo levantaban 384 encuestas al día, pero nos hacían hincapié en que se trataba de 1152 para que sus propias cifras cuadraran con el diseño casi lineal de sus gráficos y el candidato priista se mantuviera como puntero. De haber sido, efectivamente, una encuesta diaria, a buen seguro que el desplome de Peña Nieto hubiera sido más que evidente después de la exhibición pública de sus limitaciones y torpezas. Al revolver los resultados de un día, con el de los dos días inmediatamente anteriores GEA-ISA hacia trampa descarada; aunque Ciro Gómez Leyva nos machacara constantemente que se trataba de un trabajo inmaculado y profesional. Si creyó por un momento, que no nos íbamos a dar cuenta de la patraña, se equivocó de cabo a rabo, por lo menos con nosotros.

Josefina Vázquez Mota, la candidata de Acción Nacional, navegaba sin brújula por un mar de sargazos al interior de su propio partido. Para los espectadores era más que evidente que la habían dejado sola y que Felipe Calderón había metido su mano cochina en la campaña. Cuando se pierde el piso, se pierde el contacto con la realidad y se empiezan a tomar decisiones cuya conclusión no puede pronosticar nada bueno; menos, cuando se trata de controlar e influir en un candidato presidencial. Fue muy publicitada, exhibida con aviesas intenciones la imagen de un estadio de futbol semivacío y la gente abandonando las instalaciones, antes de que la abanderada del PAN terminara su discurso. Fue evidente, también, el cambio de rumbo en la estrategia de campaña de doña Josefina, que empezó a utilizar los aparentes logros del presidente como punta de lanza en sus discursos. Si la intención era llevarla al fracaso, lo lograron con creces. Pero demostró una gran entereza para sobreponerse a los malos ratos que se multiplicaban como un maná insidioso y sobre los que Josefina no tenía, porque no se lo permitieron nunca, ningún control. Una de las notas que por ese entonces nos dio a conocer Ciro Gómez Leyva, fue la agresión verbal y física (un escupitajo en el rostro) que sufrió el director general de Milenio, Carlos Marín, a manos de un inconforme patán y mal educado joven: Acertadamente, Ciro reprobó los hechos, lo mismo que muchísimos televidentes. Pero el buen Ciro fue más allá y nos hizo saber que el agredido es una persona decente, impoluta, dedicada a su trabajo y nada más; que no se mete con nadie y que por esa razón siempre anda solo, porque nada debe y tiene la conciencia tranquila. En su apasionado discurso, olvidó decirnos que el señor Marín, periodista como es y con el cargo que ostenta, ocupa la mayor parte del espacio que tiene en la televisora (El asalto a la razón), para lanzar diatribas y vilipendiar, con expresiones muchas veces ofensivas, a los personajes públicos que no son de su agrado, como Andrés Manuel López Obrador. Pocos programas y notas periodísticas tienen tan bien puesto el nombre como éste de Carlos Marín. Porque El asalto a la razón es eso precisamente: Un atraco en despoblado a la lógica más elemental, un atropello vil a la inteligencia del teleauditorio, una bofetada al sentido común y un asalto brutal al razonamiento con el que procuramos normar nuestro criterio.

El señor Carlos Marín se caracteriza por ser un agachón de los poderes fácticos de nuestro país. Sus entrevistas a los grandes personajes de la vida nacional, son un ramillete de lambisconerías y obsecuencias que la mayoría de las veces rayan en el servilismo. Por esa razón sus invitados se sienten a gusto con él. No cuestiona, no hace preguntas incomodas, no interrumpe a sus interlocutores para pedir aclaraciones y/o explicaciones que puedan resultar comprometedoras. Da como ciertos y válidos los argumentos que esgrimen sus entrevistados sin objetar apenas, muy tibiamente, alguna frase o idea mal o poco desarrollada. ¿Cómo olvidar la escena en la que, subido en una mesa, intentaba desesperadamente hacerse notar por el recién electo presidente Barak Obama, entonces de visita en nuestro país, para que le autografiara el libro escrito por éste? Y que después del evento se presentó en la televisora con una sonrisa mal disimulada, como de anunciante de pasta dental y como si hubiera realizado una hazaña digna de ser celebrada por todos? Carlos Marín y Gómez Leyva, forman una mancuerna de encubridores periodísticos, Hacen mucho hincapié en temas de relativa importancia, pero los problemas de fondo, los que verdaderamente interesan a la opinión pública porque son los que comprometen el desarrollo nacional, esos no los tocan ni por asomo, dando por bueno el sofisma desarrollado plenamente por TELEVISA, en el sentido que reza que lo que no se menciona, jamás ocurrió. Una de las "cualidades" que caracterizan al señor Marín, es la forma grosera con la que contesta a las personas que lo cuestionan o que no están de acuerdo con él. Reyezuelo miope en un reino de ciegos, basta leer el libro de Julio Sherer, "Vivir", para corroborar que estamos en presencia de un pequeño tirano: irascible, intransigente y necio al que lo ofende grandemente que alguien se atreva a decírselo. Para acabar pronto, estamos hablando de un periodista prepotente, abusivo y lambiscón con la gente de poder. Por todas estas razones, no puede esperar que la gente le aplauda cuando lo reconoce en la calle. En sus exabruptos explicativos, a Gómez Leyva se le olvida que se cosecha lo que se siembra y que no puedes exigir de los otros, una ecuanimidad de la que tú careces; sobre todo, si consideramos que estos personajes tienen a su disposición, todo el tiempo, cámaras y micrófonos para decir al aire lo que les venga en gana de manera abusiva, con la plena certeza de que nadie los va a interrumpir o molestar, porque el derecho de réplica es un derecho que solamente algunos privilegiados pueden ejercer. Para cerrar con broche de oro la perorata defensiva en favor de Carlos Marín, esa noche, Ciro dijo que los que seguíamos a López Obrador éramos (somos) unos ignorantes e inadaptados. Así de plano, con esas palabras y está grabado, para que no lo pueda negar. Y nosotros que lo vemos, que lo escuchamos pontificar acerca de las buenas maneras, no sabemos si sentir rabia por el insulto o de plano ignorar sus babosadas. Estos mal llamados "líderes de opinión" tienen carta blanca para explayarse en sus comentarios ¿Quién les puede decir algo? ¿Quién los puede llamar a la moderación o al orden cuando se exceden? Actualmente, una buena cantidad de comunicadores del espectro radioeléctrico son periodistas que han renunciado por voluntad propia a ejercer la sagrada misión de informar con imparcialidad. Trabajan en una o varias televisoras (como el propio Ciro), tienen programas de radio y publican en periódicos y revistas. Ellos pueden creer que su condición de "expertos" en su profesión los ha llevado a las cimas más encumbradas de la notoriedad. No se dan cuenta que se han convertido, inadvertidamente, en simples maquiladores de noticias y muchos de ellos en verdaderas plumas mercenarias, de esas que se venden al mejor postor. Repiten una y otra vez, sin apenas alguna variante, las notas que los jefes de información les ponen enfrente, para que ellos simplemente las lean o las comenten, desde su muy particular punto de vista. Por la cantidad de medios con los que deben cumplir, ya no les queda tiempo para investigar, para analizar con detenimiento lo que van a leer frente a las cámaras; para buscar la evasiva verdad de lo que presentan como "una gran exclusiva" y que muchas veces resulta ser lo contrario de lo que nos dan como verdadero. Tampoco les interesa ir al fondo de una nota relevante y solo se conforman con mencionarla, para que nadie les pueda echar en cara su falta de interés en el tema.

Pese a sus esfuerzos por aparentar lo contrario, su presencia en los medios en los que trabajan no ha redundado en una preferencia masiva por los mismos; está el ejemplo del propio diario Milenio: cada noche, antes de que concluya el noticiario de las diez, nos dan un adelanto del contenido del rotativo para el día siguiente, pero no por eso la gente lo compra más o lo lee más. La razón es simple, a nadie le interesa gastar su dinero en un periódico lleno de notas maquilladas, rasuradas o tergiversadas. En otras palabras; si tienen poca o nula credibilidad en el público que los observa o los lee, se debe a su falta de compromiso con la verdad. Pueden colaborar en todos los medios que se les ocurra, el resultado será siempre el mismo, porque hace muchos años ya, que dejaron de ser un referente confiable, a la manera, digamos, de un Jacobo Zabludovsky (mal que nos pese a muchos). Así pues, sus… ¿bizarros, dicen ahora? y previsibles puntos de vista, que ellos pomposamente llaman "línea editorial", son un conjunto de sin sentidos para el ciudadano común que por supuesto no los comparte, porque su visión de los acontecimientos nacionales es muy distinta de la que los medios retratan y le pintan todos los días.

La guerra contra el Peje estaba declarada y Gómez Leyva nos lo hizo saber en más de una ocasión. Ante las acusaciones cada vez más enérgicas y explicitas de Andrés Manuel en contra de la televisora, el buen Ciro no pudo soportar la presión por las críticas y estalló. ¡Y de qué manera! Como si fuera un peleador callejero, sin un ápice de vergüenza y a la vista del teleauditorio, el periodista le cantó el tiro a López Obrador: -Que nos diga López Obrador ¿que trae contra Milenio?… ¿Que trae contra Carlos Marín o contra mí?… ¿o contra Francisco "X", el dueño de multimedios? Que nos lo diga y lo arreglamos como él quiera y en donde quiera... Si, esta es la verdadera cara de nuestros modernos, civilizados, sapientes y objetivos comunicadores y nosotros, para equilibrar un poco la balanza, les respondemos desde lo más profundo de nuestro rencor sin adjetivos, que pueden irse al carajo, cada vez que los pececitos de la mar muevan sus colitas.

"XEQK, la hora del observatorio nacional, minuto a minuto, le da la hora... ¡Ponga a tiempo su reloj!... ¡Haste la hora de México!"... En la ciudad de México, hace muchos años ya, una estación de radio, en frecuencia modulada, nos daba la hora cada minuto, ininterrumpidamente, las veinticuatro horas del día; los chilangos la sintonizábamos regularmente, porque era más confiable que un reloj de pared o de pulsera. En mi casa vemos Milenio-televisión varias horas al día, pero lo hacemos antes que por lo repetitivo de su información, para estar pendientes de la hora y que no se nos haga tarde para el trabajo. Por eso afirmamos que el bombardeo en contra de López Obrador era continuo y sin descanso, cada treinta minutos, las veinticuatro horas del día; con Milenio GEA-ISA montados en su macho de las encuestas adulteradas. A lo mejor somos masoquistas y no nos atrevemos a reconocerlo; puede ser, también, que veamos-escuchemos ese canal para confirmar nuestra opinión negativa acerca de lo que se nos dice o se nos deja de decir. Muchos podrán censurar nuestra postura argumentando que hay otras opciones noticiosas en la televisión, pero, realmente no es así. Todos los noticiarios nocturnos en ese horario adolecen del mismo mal; no hay ninguno verdaderamente confiable. Está Carmen Aristegui, en CNN, pero no es un informativo, sino un programa de entrevistas, así que: "La bebes o la derramas".

El único cambio aparente en las preferencias electorales de GEA-ISA, fue el rebase de López Obrador situándose en el segundo lugar, por encima apenas de la candidata del PAN, Josefina Vázquez Mota, a casi un mes del día de la elección

y esto, como para calmar la inconformidad de los analistas y
observadores que criticaban abiertamente los resultados de la
encuestadora.

… Primero fue la esperanza, después, la perplejidad y por último,
la desilusión… ¡Una vez más! El domingo primero de julio, nos
levantamos temprano y después de un baño reparador tomamos
el desayuno; yo encargué un menudo blanco, del que venden en
los puestos callejeros, cerca del auditorio, porque ahí lo preparan
con todas las de la ley: No es solamente el buen sabor lo que
lo distingue, sino el completo surtido de los elementos de un
verdadero menudo: Cayo, libro, cuajo, pata de res, con hueso
o desmenuzada… ¡huumm! Después de cepillarnos los dientes
y vestidos con nuestros mejores trapos, nos fuimos a votar. Nos
toca siempre en la escuela que está a una cuadra de la casa. Ahí,
la hija mayor de mi mujer que había sido seleccionada como
funcionaria de casilla, nos dio la bienvenida con una sonrisa.
Había tres largas filas que, sin embargo, se movían rápidamente.
La gente saludaba a sus conocidos y platicaba animadamente:
el tema de preferencia eran los comicios. Cuando nos tocó
nuestro turno, cruzamos las boletas electorales y las depositamos
cuidadosamente en la ranura de cada una de las urnas puestas
para el efecto. Y esperamos hasta la tarde. En el ínter, algunas
cosas ocurrieron que me pusieron inquieto al principio y después
me hicieron encabronar, francamente: Como a las doce del día,
una llamada desde el D.F. nos sacó de onda; era una grabación
del Partido Verde Ecologista pidiéndonos que votáramos por
sus candidatos a cambio de vales de farmacia para medicinas…
¡Qué poca madre! y el mero día de las elecciones ¿No que eso
está prohibido por la ley? Me apresuré a llamar a la FEPADE para
exponer mi queja, pero del otro lado de la línea nadie contesto.
Intenté llamar varias veces, pero en la última, se escuchó
claramente cómo de plano desconectaban el teléfono: Eso no
fue todo. Acostumbro llamar a mis familiares a sus casas para
saludarlos y contarnos las novedades de la semana. Una hermana
mía, muy querida, que vive por el rumbo de Villa de las flores,

en el estado de México, me comentó, francamente disgustada: -Manito ¿qué crees? Fíjate que me estaba arreglando para ir a votar, cuando una vecina a la que apenas conozco me habló a la puerta de la casa para ofrecerme dos mil pesos si votaba por el PRI, me dijo que a ella le había tocado recorrer toda esa manzana haciendo el mismo ofrecimiento y que varios vecinos habían aceptado…. –Ah ¿sí? ¿ y tú qué hiciste?… –La mandé a la chingada, ¿tú qué crees? ¡Pinche vieja, todavía me dura el coraje.

A estas alturas, estoy seguro que muy pocos o nadie van a creer lo que estoy diciendo, pero, pus´… Resulta que se pasó la hora de la cena y como dice la canción de Sabina: "Y nos dieron las once y las doce"… y la hija de mi mujer no llegaba. Fuimos a la escuela, donde estaba puesta la casilla electoral y grande fue nuestra sorpresa al descubrir un gran número de personas arremolinadas en la reja del plantel, porque no las dejaban pasar para ver lo que estaba ocurriendo. Se trataba de lo siguiente: Resulta que al efectuar el conteo de las boletas, faltaban cinco de las destinadas para presidente de la República, todas las demás estaban completas, excepto esas. Pero habían sido entregadas para su utilización; simplemente, parece ser que a cinco honrados ciudadanos no se les había pegado la gana depositarlas en la urna correspondiente y habían decidido llevárselas como souvenir. Y los funcionarios de casilla, del presidente para abajo, no podrían irse a su casa hasta que las dichas boletas aparecieran… Los dejaron ir hasta las dos de la mañana, después de levantar el acta correspondiente. ¡Qué poca madre!

Ya eran demasiadas situaciones anómalas como para creer que se trataba de una pura casualidad. Sobre todo, a la luz de los eventos posteriores a la jornada electoral. Porque, la incredulidad primero y las evidencias después, demostraron sin lugar a equívocos, que el proceso, todo, había resultado ser más fraudulento que un billete de 220 pesos. Aunque los perpetradores lo negaran una y otra vez, poniendo cara de quinceañera ruborizada, aunque las instituciones encargadas de vigilar la limpieza y legalidad

de los comicios se desgañitaran repitiéndonos que éstas habían
sido las elecciones más vigiladas y transparentes de la historia
y que debíamos sentirnos orgullosos por ello. Un manto de
incertidumbre, como las negras alas de un buitre, paseo los
toscos hilos de su urdimbre por encima de nuestras cabezas ¿Qué
pasó, entonces? ¿Qué va a pasar ahora?

Las preguntas se acumulaban a nuestro alrededor sin encontrar
respuesta: ¿Fue nada más aquí, en Manzanillo, donde ocurrió
la desaparición de las boletas para presidente, o fue en todo el
país: "De cinco en cinco, nomás échale cuentas"... ¿Las llamadas
telefónicas, eran aleatorias, o se trató de un moderno modus
operandi para animar a los indecisos a que votaran por los
partidos PRI y Verde Ecologista y de paso conchabarse a algún
ciudadano despistado en plena jornada electoral?

El dinero que dice mi hermana que le ofrecieron para que votara
por el PRI ¿de dónde salió? ¿la transa fue nada más en el Estado
de México, o fue a nivel nacional? ¿Es posible que las autoridades
electorales no se hayan dado cuenta de lo que estaba ocurriendo?
¿Nadie les informó? ¿Tan sordos y ciegos están? ¿Se vale ganar
unas elecciones de esa manera? ¿No dicta la ley, que los partidos
que incurran en ese tipo de prácticas perderán su registro
automáticamente?... Entonces... ¿En qué pinche país vivimos,
en donde puedes violar la ley en las narices de las autoridades
sin que pase nada? ¿Eso es lo que le enseñamos a nuestros hijos?
¿Debemos sentirnos orgullosos por ello? Al menos, eso es lo
que tratan de hacernos creer los dueños del negocio del poder
y no les importa llegar al colmo del descaro, pues tienen el
atrevimiento de decirnos que debemos aceptar sus chingaderas
sin hacerla de tos.

Pero hubo algo más, tan ruin o bajo como los ejemplos
anteriores. En el hospital donde trabajo, se han puesto en marcha
muchas de las prácticas que ahora se pretende legalizar con la
reforma laboral: Se han concesionado los servicios de limpieza

y vigilancia. El servicio de farmacia se ha puesto en comodato y lo mismo se intenta hacer con el departamento de radiología; una gran parte del personal, tanto administrativo como médico y paramédico, trabajan por contrato, sin derecho a ninguna prestación. Los hacen trabajar cinco meses y medio y después los descansan quince días, para que no creen antigüedad y con ello el derecho a la basificación. No pueden enfermarse, ni llegar un minuto tarde porque se los toman como falta y el descuento no se hace esperar. Tampoco pueden pagar guardias ni pedir permisos. Si se quejan, si protestan por alguna causa, (generalmente abusos de parte de los supervisores) les retiran los contratos sumándolos a las filas abyectas del desempleo.

Así las cosas, una semana antes de las elecciones, la entonces jefa de enfermeras, llamó a junta a todo el personal de enfermería que laboraba bajo sus órdenes en éstas condiciones y les dijo por lo claro que tenían que votar por el PRI, si querían seguir siendo contratadas y que si no lo hacían, se atuvieran a las consecuencias. Lógicamente, las enfermeras y los enfermeros se preocuparon y lo comentaron con sus compañeros, pero ni siquiera el consuelo de saber que el voto es libre y secreto podía tranquilizarlos. ¿Casualidad? Como complemento, en nuestro hospital también tenemos aviadores; hay una muchacha joven, guapa, que se presenta cada quince días a cobrar su cheque, no trabaja con nosotros porque nunca nadie la ha visto en ningún turno ni en ninguna parte, cuando nos atrevimos a cuestionarla, nos dijo cínicamente que no la veíamos porque estaba comisionada a un centro de salud, pero tampoco pudo explicarnos en qué consistía su labor en dicho centro, ni cuál era su horario preciso. Supimos después, que la aparición quincenal de dicha damita, era el pago por favores proselitistas que la madre habría hecho, en beneficio del PRI estatal ¿Qué te parece, mi buen?

# CAPITULO III

———————O———————

# BUENOS DIAS DULCE ESTRELLA
## (OS CAZULAS - 1969)

Igual que en las elecciones presidenciales de 2006, el primero de julio de 2012, los partidos integrantes del movimiento progresista y una buena porción de la población mexicana, nos quedamos en la orilla; acariciando la promesa de un triunfo que creímos seguro e inobjetable. Cándidamente pensamos que la ciudadanía por fin despertaría del letargo en el que ha permanecido anestesiada por tantos años, e iba a responder a nuestro llamado con su voto favorable para la coalición, conformada por los partidos de izquierda; sobre todo, después de la inusitada respuesta en contra del candidato del PRI, en algunas de las universidades privadas más importantes de México y la aparición, casi instantánea, e inusitadamente activa del movimiento promovido por los estudiantes llamado # yo soy 132, que recibió el espaldarazo inmediato de las comunidades estudiantiles y juveniles de buena parte del mundo, a través de las llamadas "redes sociales".

Con la ingenuidad de un primerizo, creímos que la exhibición pública de las limitaciones intelectuales y culturales del candidato del PRI-PVEM, así como su monotonía retórica, iban a jugar en su contra y eso significaría una lluvia de votos a nuestro favor.

Después de una larga noche de seis años, muchos mexicanos abrigábamos la esperanza de que, ahora si, por fin, íbamos a poder despertarnos al día siguiente, con una sonrisa de satisfacción en nuestros rostros y la certeza plena de que las cosas se iban a empezar a componer en nuestro país. Para ese entonces, poco nos importaban las encuestas con las que tan machaconamente nos estuvieron atosigando a todas horas y en todos los medios de comunicación, durante los tres meses que duraron las campañas y que insistían en la inviabilidad de nuestros deseos.

Como muy pocas veces en la rutina de nuestra monotonía, miles, millones de ciudadanos nos mantuvimos atentos a la pantalla de nuestros televisores o estuvimos anclados a las noticias que con fruición, circularon por las redes sociales en internet. Por un momento, por un brevísimo momento, la esperanza invadió nuestros corazones. A las ocho de la noche, a las diez y media, a las once cuarenta y cinco, a la una y treinta del día siguiente; a las dos y media de la madrugada. Para entonces, ya sabíamos que nuestro sueño había terminado; roto, despedazado, hecho añicos por la implacable frialdad de las cifras.

Una mescolanza de sentimientos encontrados se apoderó de nuestro espíritu, sin que pudiéramos evitarlo. A la una y treinta de la madrugada del día dos, accesamos a la página del IFE, en internet, en el afán de estar lo más actualizados que fuera posible, en el conteo rápido que la institución llevaba a cabo. Cuál no sería nuestro asombro al ver en la pantalla de nuestra computadora, el mapa de la República Mexicana, inesperadamente pintado todo de verde, que era el color con que la institución electoral distinguía la votación a favor del PRI-PVEM, con apenas unos islotes azules y amarillos, (los colores del PAN y de la coalición de los partidos de izquierda, respectivamente) desperdigados aquí y allá, como moronas en un tapete. Incrédulos, intentamos una mayor información, sin conseguirlo. Después, los vanos intentos de una explicación racional; y la súbita respuesta de uno de nuestros amigos, que por simple, era también, pensamos todos, la más lógica: Resulta que la mayoría de los habitantes de éste país, principalmente de los estados del norte, están no solamente conformes con la situación actual, (masacres, levantones, secuestros, extorciones, fuga masiva de reos de algunas cárceles estatales, pago de piso, balaceras entre delincuentes y fuerzas del orden y entre bandas rivales, etc.) y no quieren por ningún motivo, que las cosas cambien y los priven de esos magníficos espectáculos con que se entretienen casi a diario. Tampoco quieren que sus gobernadores, priistas casi todos, tengan que ajustar sus métodos de gobierno a esquemas ignotos e impredecibles, o que tengan que empezar a rendir cuentas de a de veras, del uso que hacen de los presupuestos locales; por que serán muy mexicanos y toda la cosa, pero antes que nada, son excesivamente regionalistas y eso nadie se los puede quitar... ¡ajúa!

Sin embargo, algo se rebullía en nuestro interior impidiéndonos que aceptáramos el atole que nos impelían a tragar. Atónitos, estupefactos, como si nos hubieran asestado un mazazo en la cabeza; sin poder dar crédito a lo que la pantalla nos mostraba, empezamos a preguntarnos ¿Qué pasó? ¿En dónde estuvo la falla? ¿Cómo fue posible que tal desgracia ocurriera, cuando nos habían asegurado, una y otra vez, que todo estaba bajo control, que tuviéramos fe; que ahora sí, de veras, el cambio estaba por llegar?

Como sonámbulos, al aclarar el día, junto con algunos amigos que habían sobrevivido conmigo a la pesadilla inconcebible, salimos a la calle para escrutar los rostros de la gente, para ver sus reacciones, para intentar preguntarles ¿por qué habían votado por el PRI? ¿Por qué nos habían jugado esa enorme mala pasada si ellos, igual que nosotros, estaban padeciendo los estragos provocados por un gobierno ineficiente y mendaz y el retorno del PRI al poder significaba más de lo mismo?

Pero no vimos nada que nos revelara alguna cosa y las pocas personas que nos quisieron contestar fueron parcas o altaneras en sus respuestas. Ahora, solo nos queda lamer nuestras heridas, mientras empezamos a preguntarnos con un cierto dejo de amargura y tristeza en la voz… ¿Por qué perdimos? ¿Por qué?… Y las posibles respuestas, que tal vez no nos proporcionen ningún consuelo, porque no hay nada que hacer que remedie el veredicto de las urnas y porque aceptar razonamientos tardíos, que a estas alturas resultan baladís, aún con la mejor buena voluntad, no aliviaran nuestra frustración.

Las mesas de análisis, puestas de manera tan generosa por los concesionarios de radio y televisión, el primero de julio, se dedicaron más bien a tratar de predecir el futuro con el nuevo gobierno en ciernes y a preguntarse ¿cuál sería la reacción del candidato perdedor de las izquierdas y su movimiento, después de conocerse los resultados? Algunos apostaban por la sensatez de nuestro líder, argumentando, entre otras cosas, que los tiempos en México eran muy diferentes a los de seis años atrás: Otros se hacían cruces, pensando que podría repetirse el caos desatado después del resultado de la elección presidencial anterior. Nunca, ninguno de éstos eminentes analistas, intentó una explicación del triunfo aparentemente avasallador del señor Enrique Peña Nieto, ni del también aparente fracaso de Andrés Manuel López Obrador: De los otros dos candidatos; La señora Josefina Vázquez Mota, por el Partido Acción Nacional y el señor Gabriel Cuadri, del partido Nueva Alianza, poco podía decirse, toda vez que su suerte estuvo marcada desde antes de los comicios y al conocerse los primeros resultados se apresuraron a reconocer su derrota, diciendo que lo hacían, porque ellos si son verdaderos demócratas. De cualquier forma, la cifra tan desproporcionada en los resultados, nos hizo pensar, a muchos ciudadanos confiados en la inminente victoria socialista, que algo no cuadraba, que algo anormal había ocurrido el primero de julio, porque la lógica de los últimos acontecimientos indicaba otra cosa. En otras palabras, el grosero resultado electoral emanado de las urnas era no solamente absurdo, sino, inclusive, contra natura, según nuestro real entender: Y no es que no sepamos perder, como afirman con tanta enjundia los voceros más destacados del partido supuestamente ganador y algunos muy conocidos conductores de los medios de comunicación que los secundan en sus dichos. No dejan pasar la oportunidad de denostar acremente cualquier intento vindicatorio de nuestro candidato y los partidos de izquierda a los que representa; porque, a falta de argumentos sólidos que justifiquen sus ataques, se han dado cuenta que el golpeteo constante en contra de todo aquel que les es antipático, tarde o temprano acaba por convencer al público desprevenido que los observa, de que las cosas efectivamente pueden ser como ellos dicen que son. Así, el odio gratuito que van sembrando en el ánimo de la gente, tarde o temprano rinde sus frutos, sobre todo, en el ánimo de una población crédula, escasamente analítica. Esos insidiosos comentarios, tienen también la finalidad de distraer la atención de la ciudadanía de temas relevantes o de importancia capital para el país. En sus sesudas alocuciones, estos pseudo adalides de la democracia, la justicia y la paz social, no se cansan de repetir, una y otra vez, que lo que desean de nosotros es que nos comportemos como una izquierda "moderna y propositiva". En otras palabras, lo que pretenden de nosotros, es que seamos un partido modosito, de gente bonita y bien portada, como ellos; que no haga aspavientos ni alce la voz, ante los recurrentes atropellos de los cuales somos objeto y que aceptemos sin chistar el resultado de sus trácalas y chapucerías, porque, afirman convencidos; ensuciar los procesos electorales, nunca ha sido su intención, ni su norma de conducta. Como si fuera una burla, nos recalcan que lo que debemos hacer es prepararnos adecuadamente para los siguientes elecciones, para no detener la buena marcha del país, ni poner en peligro a nuestras sacrosantas instituciones, con nuestros eternos reclamos de juego limpio y transparencia. Nos dicen, con la convicción propia de un erudito, que no debemos fallarle a la gente que votó por el proyecto alternativo que representamos. Afirman, con cara de ofendidos, que no están dispuestos a aceptar calumnias o chantajes y que los tribunales se encargaran de resolver todas las demandas que interpongan en nuestra contra. Pero lo hacen desde una posición ventajista, a sabiendas que la mayoría de los tribunales están bajo su control. Insisten en que ya chole, con nuestra cantaleta de siempre de que se trató de un proceso amañado ¡faltaba más! Dicho con mayor claridad, nos piden resignación y paciencia. La verdad de las cosas es que, cabalmente, nunca hemos ganado algo más que algunas gubernaturas y municipios que poca incidencia tienen en las decisiones de carácter nacional; ni siquiera el D.F., lo que es mucho decir. A pesar de tanta alharaca, de todos los esfuerzos que realizan para convencernos de su cambio de perfil, debemos ser francos con ellos, puesto que la autocrítica no es una de sus virtudes más significativas y recordarles que el PRI, no es un partido democrático; nunca lo ha sido... ¡y nunca lo será! Y no porque no quiera. Los priistas conocen muy bien el significado de la palabra "democracia", de hecho, aspiran a ella, la buscan, la desean con ardiente fervor, pero no podrán alcanzarla nunca, porque nunca se han atrevido a ejercerla. El motivo es sencillo; el PRI no nació por la asociación de un grupo de revolucionarios democráticos, que lucharan desde su trinchera política por un cambio radical y profundo de las maneras de aspirar al ejercicio del poder. El PRI es el resultado de una imposición, de la idea unipersonal de un caudillo, con una visión limitada, parcial y ventajista, de la situación nacional de su época. Fue creado en 1929 por el entonces presidente Plutarco Elías Calles (el instaurador del Maximato, para más señas) justamente el año de la fenomenal crisis económica de los Estados Unidos, conocida como "La gran depresión". Su destino, su rumbo, estuvieron marcados desde el principio por dos consignas irrenunciables... Gobernar y controlar. Así, el partidazo nunca se preocupó por cambiar, porque no tenía necesidad de hacerlo. Dueño del poder absoluto, no toleraba las disidencias ni las inconformidades, aunque contaran con el respaldo de un elevado porcentaje de la población. Sin contrapesos que lo limitaran, acallaba las voces de la oposición con denuestos o amenazas o silenciaba de plano a sus opositores. Los procesos electorales que organizaba eran una fantasía con la que deslumbraban al populacho, pero los resultados de dichos procesos eran previsibles, porque desde su designación, por el dedo supremo del señor presidente en turno, la ciudadanía ya sabía quienes la iban a gobernar, ya sea que acudieran a votar o no. El abstencionismo fue ganado terreno, hasta que se volvió permanente, pero esto siempre tuvo sin cuidado al PRI que no dejaba de festejar, sin recato, el famoso "carro completo".

Cuando las cosas se ponían difíciles para los aspirantes a algún cargo de elección popular, los golpes bajos y las triquiñuelas solventaban el asunto. Para los entusiastas seguidores del partido tricolor, el político que más confianza les inspira, es aquel que demuestra mayor capacidad para los artilugios legaloides, pero, ante todo, para el que tiene la habilidad suficiente de saber pintarle al electorado una realidad ajena, distinta de su entorno cotidiano. Dicho de otro modo; desde su nacimiento, el PRI se ha especializado en vendernos espejismos que nosotros, ciegos, necios o francamente inocentes, le seguimos comprando sin preguntar.

En un país como el nuestro, con tantas desigualdades sociales tan marcadas, en donde la justicia y la equidad brillan por su ausencia; en donde lo cotidiano son el abuso y la desconfianza y, últimamente, el miedo cerval a ser atacado por cualquier motivo y en cualquier circunstancia, lo menos que podría esperarse en unas elecciones presidenciales, sería una respuesta enérgica, por buena parte de la población, para darle otros rumbos y otro sentido a nuestro destino común. Pero, sorpresivamente, no ha sido así.

Las razones de tal desaguisado pueden encontrarse, tal vez, en lo más recóndito de nuestro genoma social: Mucho antes de la llegada de los españoles a costas mexicanas, los pueblos mesoamericanos de aquel entonces acostumbraban guerrear entre sí y era costumbre que los vencidos se dieran de buena gana como esclavos de sus vencedores, como reconocimiento de la superioridad de aquellos o por simples razones de supervivencia. Por eso el imperio azteca pudo proliferar y crecer tan rápidamente, expandiendo sus dominios hacia ambas costas de la geografía precortesiana y hasta los límites con el territorio del imperio purépecha hacia el norte (al que nunca pudieron domeñar) y hacia el sur con los residuos de los pueblos mayas de lo que hoy son Honduras y Guatemala. Después del abatimiento del imperio azteca a manos de Hernán Cortés, cuentan las crónicas que los vencidos le prodigaban todo género de halagos y reconocimientos al conquistador, festejándolo en todas las oportunidades que se presentaban, con grandes muestras de cariño y sumisión. El espíritu teocrático de los vencidos se conjugó, casi de manera natural con la elevada religiosidad de los conquistadores resultando en una simbiosis de pensamiento eminentemente conservador que se ha mantenido hasta nuestros días y que en no pocas ocasiones ha jugado en contra de nuestros propios intereses nacionales, dificultando hasta la exasperación las intenciones de cambio social que en cada momento histórico se han presentado y diluyendo en el ínterin los conceptos ideológicos en que dichos cambios se sustentaban. Tierna aún la guerra de independencia y cuando las condiciones parecían estar totalmente a su favor, la decisión del Padre de la patria, de no entrar a la ciudad de México, cuando tuvo la enorme oportunidad de hacerlo, hizo que la lucha se prolongara por poco más de diez años con un saldo que no dejó satisfecho a nadie y que un realista, un conservador de la más pura estirpe, Agustín de Iturbide, se alzara con el poder. Pero eso fue solamente el colofón de una lucha prolongada y desgastante que debilitó a la nación de manera irreversible y dejó la mesa puesta para la calamidad de la primera invasión norteamericana; antes, nuestros héroes independentistas estaban indecisos acerca del tipo de gobierno con el que nos habríamos de regir, porque, increíblemente, a esas alturas de la lucha, no habían pensado en ello cabalmente: El consenso más o menos aceptado por algunos de los líderes del movimiento, era el de que se formara una república pero que reconociera la autoridad de Fernando VII, el rey de España de esos tiempos. En otras palabras, ser libres pero no mucho, dejar de ser esclavos, pero nomás tantito, ser una nación independiente, pero seguir atados a los designios de lo que todos llamaban "La madre patria", aunque la conducta de España para con sus colonias nunca fue la de una madre noble y sensible a las necesidades de sus hijos allende la mar océano, sino la de una madrastra vil y predadora, que exprimió cuanto pudo los recursos de sus extensas posesiones de América y contuvo con mano de hierro el espíritu y los anhelos libertarios de sus pobladores. Y aunque el padre de la patria, Don Miguel Hidalgo y Costilla, se dio tiempo para expedir en Guadalajara, el 6 de diciembre de 1810, un decreto de abolición de la esclavitud, con pena de muerte para los que se negaran a ejercerla, las cosas siguieron igual por muchos años más; entre otras razones, porque no existía un congreso, un poder legislativo que validara, mediante una ley debidamente articulada, ésta magnífica resolución. Tampoco contábamos con un poder judicial, que obligara a los remisos al cumplimiento de la misma. Así, la inmensa mayoría de los esclavos en territorio mexicano dejaron de serlo, sin que lo supieran. Prácticas esclavistas siguieron aplicándose soterradamente en el ámbito de la minería y al interior de las antiguas haciendas del país y llegó a su punto más alto de cinismo con la oprobiosa aparición de las tiendas de ralla, mediante las cuales se les pagaba a los peones con géneros y no con dinero, con el agravante de que los descendientes de la peonada heredaban las deudas que sus progenitores tuvieran con los amos. Todavía, hasta bien entrada la década de los setentas del siglo XX, muchas mujeres mexicanas se referían a sus esposos como "mi señor" y por supuesto, el "señor", se comportaba como un verdadero amo con sus esclavas, aplicando la máxima que era moneda corriente en ese tiempo: "Las mujeres, como las escopetas, cargadas y en un rincón". Sin contar las golpizas y el mal trato cotidiano de que las damas eran y son objeto, merced a otra costumbre muy arraigada entre los varones; <hay que golpearlas para "educarlas" y para "enseñarles" quien manda>. Inconcebiblemente, todavía existen muchas mujeres que aceptan éstos preceptos como algo "natural", "si no me pega, no me quere" y aún tienen arrestos para justificar a sus agresores: "Yo tuve la culpa"... "Yo lo provoqué". Aunque duela reconocerlo, aunque nos resistamos a aceptarlo, por las venas de la inmensa mayoría de los mexicanos sigue corriendo, inalterada, sangre de esclavos. Porque espíritu de esclavo es, y no otra cosa, el servilismo con el que nos apresuramos a complacer a los que nos pagan o están en posición de decidir nuestra suerte.

Existían desde hacía muchos años, pero con la guerra de independencia, dos grupos antagónicos e irreconciliables se hicieron visibles de manera permanente, a veces con una ferocidad inusitada. Ni los políticos liberales, ni los conservadores; estuvieron nunca dispuestos a ceder aunque fuera un poco en sus pretensiones de gobernar al naciente país según sus propios conceptos ideológicos. El consenso muy pocas veces estuvo sobre la mesa de negociaciones y eso condicionó que los problemas nacionales se agudizaran y aún se prolongaran más allá de lo estrictamente razonable. De ésta manera, la discordia política marcó con su impronta buena parte del siglo XIX moldeando el crisol del que surgirían las nuevas generaciones de mexicanos desilusionados e insatisfechos que intentarían, con la fuerza de sus convicciones y de sus actos (los hermanos Cerdán, en Puebla, por ejemplo), revertir el injusto sistema de gobierno que nos atosigaba. Los primeros tres decenios del siglo XX estuvieron marcados por el revanchismo político con el poder de las armas como argumento y al final, la creación de un partido político pareció atemperar los ánimos y darle un cauce y una congruencia a las aspiraciones nacionales de una buena parte de la población. Hasta que el partidazo empezó a mostrar signos inequívocos de descomposición y surgió la necesidad de ponerle remedio a los calamitosos resultados de su gestión de los últimos veinte años (1968 – 1988).

Hay momentos en la historia de las naciones, que son claves para determinar el rumbo que sus pueblos han de seguir. En la historia moderna de México, uno de esos momentos cumbres lo representó la campaña electoral de 1988. Como pocas veces en nuestra historia reciente, la sociedad civil se volcó a las calles para avalar, con su presencia, el respaldo al candidato del Frente Democrático Nacional, Cuauhtémoc Cárdenas Solórzano. Todos estábamos hartos del priísmo, sobre todo, del anquilosado e ineficaz priismo del último tercio del siglo XX: Estábamos hartos del prepotente, inseguro y genocida Gustavo Díaz Ordaz. Del provocador, inescrupuloso y también asesino Luis Echeverría Álvarez, del irresponsable, falaz y archi-corrupto José López Portillo y del opaco e ineficiente Miguel de la Madrid Hurtado. Basta recordar la rechifla apabullante que se chutó el señor presidente, Miguel de la Madrid, en la inauguración del mundial de futbol, México 86; o los bombazos de dos años antes, durante el desfile del primero de mayo de 1984; uno, contra la puerta principal de Palacio Nacional y el segundo, contra el balcón presidencial, como una muestra de repudio en contra de las draconianas medidas económicas implementadas por el gobierno federal y que castigaban severamente el bolsillo de la clase trabajadora. Tampoco se le olvidaba a la gente la inacción presidencial después del terremoto de 1985 y en donde la ciudadanía tuvo que organizarse por sí misma, para acudir en ayuda de los damnificados por la tragedia, porque el gobierno se vio torpe y lento para actuar. Para 1988, otro terremoto, éste de corte político, sacudió hasta sus cimientos las estructuras del viejo y agotado PRI y le dio nuevas esperanzas a la ciudadanía. Cuauhtémoc Cárdenas, Porfirio Muñoz Ledo, Ifigenia Martínez, entre otros, conformaron la corriente democrática al interior del partidazo, con la esperanza de que se revirtieran los estragos económicos y sociales causados por el incipiente neo-liberalismo implementado por Miguel de la Madrid durante su gobierno y que la selección de candidatos priistas para puestos de elección fuera democrática y transparente y no por medio del dedazo, como entonces se estilaba. Ante la cerrazón y negativa del tricolor para cambiar sus sucios modos políticos, el ingeniero Cárdenas y su grupo decidieron abandonar al partido y conformaron el llamado Frente Democrático Nacional que prendió como una llamarada en el ánimo de los partidos de oposición al régimen y en una porción importantísima de la población. Como una incontenible marejada que inundó con su influjo los lugares más recónditos de la república, las fuerzas más disímbolas del espectro político y social se adhirieron al movimiento del ingeniero Cárdenas, en busca de nuevos horizontes políticos que reencausaran las vías democrática e institucional en México. Los cañeros, los trabajadores petroleros, los electricistas, la unión de campesinos independientes, los maestros, el ejército, la marina; el pueblo todo, volcado en un inusitado anhelo de cambio. El escasamente recordado y auténticamente democrático - ingeniero también él - Heberto Castillo y su partido, el Partido Mexicano de los Trabajadores, el Partido Socialista Unificado de México (PESUM) y el PARM (Partido Auténtico de la Revolución Mexicana, que postuló al ingeniero Cárdenas como su candidato a la presidencia), todos se unieron para conformar el Frente Democrático Nacional. Por el Partido Acción Nacional (PAN) su candidato, Manuel J. Clouthier, otro demócrata de la más pura cepa, iba solo. El candidato del PRI, Carlos Salinas de Gortari, surgido de la farsa de una pasarela electoral, promovida por el presidente en funciones, Miguel de la Madrid, veía con desesperación lo desangelado de sus mítines de campaña... Y prometía sin descanso, lo prometía todo, sin conseguir apenas una tibia respuesta de sus seguidores... Y entonces, la primera advertencia: "El que esté conmigo, ¡todo! El que esté contra mí, ¡nada!

El día de las elecciones la gente acudió a votar en forma masiva y, según supimos después, inclusive las fuerzas armadas del país le otorgaron su confianza y su sufragio a Cuauhtémoc Cárdenas y al movimiento que encabezaba en un porcentaje superior al 65%. Antes de eso, el presidente había asegurado unos comicios confiables, seguros e imparciales entonces controlados por la Secretaría de Gobernación, en manos de Manuel Bartlet Díaz, (todavía no se creaba el IFE).

Como a las diez de la noche de ese día, nos enteramos que el equipo de cómputo que controlaba el registro de resultados y que había sido previamente publicitado como una maravilla tecnológica, había dejado de funcionar: "Se cayó el sistema", fue la frase que se volvería ominosamente famosa. Sorprendentemente, nos fuimos enterando a cuentagotas que el candidato del PRI, había resultado ganador de la elección presidencial, en un resultado milagroso, por decirlo de alguna manera. Poco importó que todos supiéramos que se había tratado de un fraude descarado y monumental, a la manera de los que se perpetraban en la era de Porfirio Díaz, tampoco importó que se hubieran descubierto, poco tiempo después, a orillas de un caudaloso rio del estado de Guerrero, cientos de cajas con miles de papeletas a medio quemar, todas marcadas a favor de la oposición, ni que se hubiera demostrado fehacientemente, el relleno escandaloso de urnas con boletas marcadas todas para el PRI, ni que, descaradamente, inclusive los muertos se hubieran levantado de sus tumbas para ir a votar por el candidato del gobierno. Tampoco importó un carajo la inconformidad de la gente, ni los guiños de incredulidad de la prensa extranjera. El poder nos había sido escamoteado de una manera burda e insultante. El voto mayoritario a favor de Cuauhtémoc Cárdenas, no significaba nada para los gandallas atracadores; las elecciones en nuestro país, se comprobaba una vez más, eran una farsa. Ante el encono de la gente por la ofensa recibida, algunos colaboradores cercanos al ingeniero Cárdenas (Porfirio Muñoz Ledo entre otros), lo instaron a que tomara cartas en el asunto con medidas drásticas y que no permitiera la imposición del usurpador. La respuesta de Cuauhtémoc Cárdenas fue tajante y fría: No pensaba darle un baño de sangre a México.

Pero el baño de sangre se dio, de todos modos: Manuel J. Clouthier se paró enfrente de Carlos Salinas de Gortari, el candidato del PRI y le espetó sin tapujos... "Te voy a seguir a donde quiera que vayas, para recordarte con mi presencia que eres producto de un fraude electoral". Casualmente, a los pocos días de ésta declaración, El Maquío Clouthier moría en un extraño y jamás aclarado accidente automovilístico en una carretera del norte de Sinaloa. Los algodoneros de la Comarca Lagunera, que le habían recetado una terrible rechifla al candidato del gobierno durante un mitin en esa región, y que se atrevieron a pararse a ambos lados de la carretera para apedrear los vehículos de la caravana del candidato priísta, pagaron con creses su osadía. El nuevo gobierno se encargó de llevarlos a la quiebra y sus campos de cultivo de algodón fueron convertidos en maquiladoras en las que muchos de los antiguos campesinos, tuvieron que emplearse como mano de obra barata para poder subsistir. Los líderes petroleros Joaquín Hernández Galicia (La Quina) y Salvador Barragán Camacho pagaron con la defenestración, la cárcel y el oprobio, haber apoyado pública y decididamente la campaña del ingeniero Cárdenas. Algo parecido ocurrió con el sempiterno líder de los maestros Carlos Jongitud, aunque se trataba de un priísta de la más pura estirpe…. Un domingo, por la mañana, fue llamado a "Los Pinos", en donde le comunicaron que había dejado de ser el líder magisterial, por decisión del mágico hacedor de cuasi instantáneas e inmensas fortunas personales para sus amigos. Su lugar fue ocupado por una predadora política apodada sutilmente, "la maestra". Durante el gobierno del señor Salinas de Gortari, casi 590 luchadores sociales fueron impunemente asesinados sin que jamás se haya perseguido o atrapado a los asesinos. Algunos analistas e investigadores moderados, dicen que solamente fueron doscientos cuarenta y tantos. Nosotros afirmamos que uno solo que hubiera sido ultimado, era más que suficiente.

En el último tercio del sexenio, perdida la sensatez política y creyendo en el fondo de su alma que era el mejor presidente mexicano de todos los tiempos, el señor Salinas ordenó a sus subalternos que lanzaran un buscapiés político, precisamente en la zona de la Comarca Lagunera que previamente se había encargado de desmadrar. La consigna era conocer la opinión de la gente con miras a una modificación del artículo 83 constitucional para una posible reelección. La rápida y feroz respuesta de los principales actores políticos del país, hicieron que desistiera de sus empeños. Pero aún faltaba la violenta irrupción, el primero de enero de 1994, del EZLN en el estado de Chiapas, declarándole la guerra al gobierno mexicano y fue más que evidente, que las maquiavélicas maniobras implementadas desde la presidencia para controlar la situación, acabaron por magnificar el caos nacional. Sin embargo, faltaba el broche de oro que refrendara la culminación de un sexenio sangriento: Los asesinatos de Luis Donaldo Colosio, en plena campaña electoral y de José Francisco Ruiz Massieu, el 28 de septiembre de 1994 y en ese entonces secretario general del comité ejecutivo nacional del PRI, nos hicieron recordar las terribles imágenes del cuadro de Goya "Saturno, devorando a sus hijos". Los ojos de la ciudadanía voltearon hacia los Pinos y las teorías conspirativas se multiplicaron incluso en los estratos más humildes de la población y tenían un solo destinatario… Carlos Salinas. Para salir al paso de las maledicencias, el gobierno armó todo un circo mediático-judicial del que, como es costumbre, no se obtuvieron resultados; pero había que fingir que algo se hacía, para calmar los ánimos del populacho. Del encargado de la seguridad de Colosio, el general Domiro García Reyes, poco se habló. Una entrevista en el canal dos de TELEVISA y otra al semanario PROCESO fueron los más conocidos. Pero, aunque uno no quiera ser escéptico y trate de justificar algunas situaciones incomprensibles, siempre hay algo que nos incomoda impidiéndonos la tranquilidad… El tal general no renunció a su cargo, no solicitó su baja del ejército por retiro voluntario, no se sintió más avergonzado que si le hubieran robado la cartera por descuido; muy convenientemente aceptó que lo pasaran a depósito, esto es, que lo pusieran a disposición, para poder seguir "sirviendo a la Patria": Acabó como comandante de la guarnición militar en Manzanillo, sin pena ni gloria y si los informes no mienten, actualmente es asesor de seguridad pública del actual gobierno del estado de Veracruz, ¡ah, chingüengüenchon! Algo sin embargo, en el inter de tantas calamidades, pudo ser rescatado, no sin grandes esfuerzos, por los partidos de oposición: El permiso gubernamental a los integrantes del Frente Democrático para crear un partido que representara a las izquierdas y la salvaguarda de los paquetes electorales en los sótanos del Palacio Legislativo de San Lázaro, para impedir que fueran destruidos, pues eran una prueba fehaciente del atraco electoral; pero el destino suele jugarnos malas pasadas, según el bando al que pertenezcamos. Resulta que cierto día; el cinco de mayo de 1989 para ser precisos, el edificio del congreso ardió en llamas: La ironía, dada la fecha, no podía ser más lamentable: <Un corto circuito>, afirmaron los investigadores de la tragedia, aunque en la mente de un buen número de ciudadanos, revoloteaba la tesis de que el incendio podría haber sido provocado. Milagrosamente, el incendio no alcanzó los sótanos donde se resguardaban las evidencias del fraude, aunque prácticamente toda la construcción fue destruida. El chistecito de la reconstrucción costó la friolera de 4 mil millones de pesos de los de aquel entonces. Ante tal calamidad (siempre según la óptica con que se mire), hubo que quemar los susodichos paquetes, cínicamente, a la vista de todos, mediante una descarada y sucia maniobra política, ejecutada con atingencia por el señor Diego Fernández de Ceballos, líder de la bancada panista en el congreso de aquellos días y fiel mozo de cuadra del señor presidente en turno. El razonamiento era simple... y tenebroso: Si no hay evidencias, no hubo fraude y, si no hubo fraude, no hay nada de qué preocuparse, entonces... todos contentos. Los acontecimientos de 1988 y subsecuentes, nos demostraron, inequívocamente, que la lucha por el poder entre liberales y conservadores estaba más viva que nunca, y que sus consecuencias, políticas y sociales, son perfectamente visibles, para que todos podamos sopesarlas.

Para las elecciones presidenciales de 1994, las enormes expectativas surgidas en torno al movimiento liderado por Cuauhtémoc Cárdenas, seis años atrás, se habían casi difuminado en amplios segmentos de la población: Ante la ola de acontecimientos catastróficos, inexplicables para muchos;

el desconcierto y la inseguridad por el futuro de la nación, hicieron presa en el ánimo de la gente. Mientras tanto, el ex presidente Salinas se iba del país sin decir ésta boca es mía. Al darse cuenta de los estragos que había provocado con los actos de sus retorcidas decisiones políticas, al aquilatar la magnitud del desastre (sobre todo económico) y la enorme cantidad de rencores acumulados en el transcurso de su administración y esperando a que las aguas retomaran su cauce, el hombre que se creyó así mismo el mejor presidente mexicano de todos los tiempos (por encima, inclusive de Benito Juárez) emprendió las de Villadiego y se refugió en Irlanda, en un más que cómodo auto exilio, validando con esto la máxima del cronista taurino Pepe Alameda, quien solía decir: "Más vale una graciosa huida, que una apasionada entrega". Si, el señor Salinas prefirió poner pies en polvorosa, que no quedarse a enfrentar las consecuencias de sus actos.

Las llamaron "Las elecciones del miedo", porque la ignominia, igual que en la década de los setentas del siglo veinte, en Los Estados Unidos, se había adueñado de nuestros actos. El candidato original del partido en el poder, el PRI, había sido asesinado en Lomas Taurinas, un barrio miserable de los suburbios de Tijuana. Sorpresivamente, como ya era costumbre en los actos del ejecutivo nacional, el señor Ernesto Zedillo Ponce de León, otro tecnócrata, fue designado como candidato emergente. Su campaña no fue nada del otro mundo; no dejó huella ni se comprometió a nada con nadie; tenía la mesa puesta para él solo.

Fue precisamente en esa campaña electoral, que se llevó a cabo el primer debate televisado entre candidatos a la presidencia de la República. El candidato del PAN, Diego Fernández de Ceballos, les dio una paliza de padre y muy señor mío a los candidatos opositores, lo cual era perfectamente explicable (hasta cierto punto) pues don Diego había sido legislador y además era abogado litigante, lo que le daba una labia rayana en la pedantería que él no tuvo empacho en utilizar en contra de sus asombrados adversarios, que demostraron, desde el inicio, que no estaban preparados con respuestas contundentes, porque nunca esperaron un ataque frontal tan despiadado. Obviamente, el ganador indiscutible de ese primer encuentro, fue el señor Fernández de Ceballos: Con ese triunfo, el PAN parecía tener la presidencia de la República asegurada, pero inexplicablemente don Diego suspendió su campaña, dando oportunidad a que el candidato del PRI, Ernesto Zedillo, se repusiera y ganara los comicios sin mucha dificultad. El candidato del PRD, Cuauhtémoc Cárdenas, apenas obtuvo el 17 por ciento de la votación.

El gobierno de Ernesto Zedillo comenzó mal, muy mal y empeoraría con el paso del tiempo: En primerísimo lugar, estaba la guerra contra el sub comandante Marcos y el EZLN, que parecía no tener visos de solución, entre otras cosas porque el gobierno se las había arreglado para prolongar el conflicto, negándose a firmar un pacto llamado "Los acuerdos de San Andrés Larrainzar". En segundo lugar, una desestabilización monetaria, con carácter de catástrofe, se había hecho presente desde el 21 de diciembre de 1994, obligando al nuevo mandatario a implementar medidas draconianas en aras de paliar la situación, lo que finalmente pudo conseguir a un altísimo costo para la población. Entre otras acciones, se implementó un plan de rescate bancario llamado FOBAPROA, que dejó endeudada a la ciudadanía por lo menos cincuenta años, mientras los señores banqueros y algunos industriales vivales de altos vuelos se aprovecharon del caos financiero imperante y dolosamente metieron empresas en quiebra y bonos basura en el paquete de rescate. Como si no fuera suficiente, las masacres inusitadas se volvieron a presentar: El 28 de junio de 1995, en el vado de Aguas Blancas, en el estado de Guerrero, por órdenes del entonces gobernador del estado, Rubén Figueroa Alcocer, la policía motorizada y judicial asesinó a mansalva a 17 campesinos, deteniendo el camión de redilas en el que se transportaban y obligando a sus ocupantes a tirarse al piso donde los acribillaron a placer sin darse cuenta de que los estaban filmando. Fue la culminación de un gobierno sangriento que previamente se había encargado de despachar a por lo menos 80 militantes activos del PRD y a más o menos 67 miembros de otras organizaciones sociales. Por supuesto, el señor gobernador nunca fue a parar a la cárcel, pero tuvo que apechugar para dejar el cargo con solamente tres años de gobierno.

El siguiente episodio sangriento se perpetró el 22 de diciembre de 1997 en la comunidad indígena de Acteal, municipio de Chenalhó. Ahí, 21 mujeres (cuatro de ellas embarazadas), 15 niños y 9 hombres, fueron brutalmente masacrados; 17 indígenas lesionados lograron salvar la vida. El motivo de ésta carnicería, dicen los enterados, fue la guerra de baja intensidad que el gobierno del señor Zedillo se empeñaba en mantener en contra del EZLN. Por supuesto y como ha sido costumbre de los gobiernos priístas en nuestra historia reciente, ninguno de los autores intelectuales fue encausado judicialmente. El colofón de tan nefasta administración, se dio con el desmantelamiento y venta del sistema ferroviario mexicano (FERROMEX) a manos de empresas norteamericanas, en una de las cuales el señor Zedillo logró colocarse como consejero, al término de su mandato.

Si bien en el horizonte y en el ánimo de la gente se gestaba la idea de que el PRI tenía que abandonar el poder a como diera lugar, el comportamiento de las izquierdas de esos años, no dejaban mucho margen para la esperanza. En efecto, en el ínterin de ese sexenio (1997), el ingeniero Cuauhtémoc Cárdenas había logrado colocarse como jefe de gobierno del D.F., con una impresionante cantidad de votos a su favor, pero ocurrieron cosas y hechos con los él no supo nunca como lidiar. Para empezar, se encerraba a piedra y lodo en sus oficinas y nadie sabía nada de sus actos de gobierno (cuando digo nadie, me refiero a la gente común y corriente; a la plebe, pues), de tal manera que muchos ciudadanos ignoraban en que gastaba su tiempo y el señor ingeniero ni se molestaba en dar explicaciones. Después, ocurrió el asesinato, a plena luz del día, del conductor de televisión Paco Stanley, que a la sazón trabajaba para tv Azteca. Ante el hecho y dada la popularidad del conductor, el dueño de la televisora se le fue al cuello al jefe de gobierno capitalino. Lo que el señor Salinas Pliego nunca dijo y menos quiso reconocer, fue que el difunto, don Paco, era distribuidor de droga entre sus compañeros de la farándula, acostumbrados a las grandes emociones que los enervantes suelen provocar. Como antecedente, estaba el asesinato de otro miembro distinguido del chou-bisnes; éste bajo la tutela de Televisa, llamado Víctor Iturbe "El Pirulí", cantante él y que acostumbraba invitar a sus cuates a Puerto Vallarta, para darse la gran divertida, según sus propias palabras. En esa ocasión, ya anocheciendo, alguien llamó a las puertas de su casa, ubicada en Ciudad Satélite y cuando el infortunado cantante abrió, lo único que alcanzó a ver fue la boca del cañón de la pistola que con varios tiros a quemarropa acabaron con su vida. Por supuesto que de los asesinos nunca se supo nada, pero sus consecuencias, sobre todo en el caso del señor Stanley, no se hicieron esperar. Otro hecho que llamó mucho la atención de la ciudadanía, fue el robo de la camioneta, en forma violenta, de la mamá del ingeniero Cárdenas, la cual fue recuperada en un tiempo récord, lo que no ocurría en ninguna otra circunstancia, pues el robo de vehículos en la capital estaba a la orden del día y no se veían acciones, por parte del gobierno, que intentaran por lo menos paliar la situación. Pero debemos reconocer que los problemas en la ciudad de México eran muchos... y enormes. Cuauhtémoc Cárdenas, fue el primer gobernante capitalino elegido democráticamente por voto directo y la designación del cargo cambió desde entonces; ahora se les denomina jefe de gobierno del D.F. Anteriormente los gobernantes eran puestos por decisión del presidente de la república en turno y se les aplicaba el nada sutil apelativo de "regentes". El último designado que se encargó de regentear la capital se llamaba Oscar Espinosa Villarreal, un pillo de siete suelas; ineficiente, mañoso y contumaz, que amaba el dinero

por encima de todas las cosas y que, entre otras gracias, propició
un desfalco de 420 millones de pesos en las arcas del gobierno
capitalino, por lo cual fue acusado penalmente y que casi provocó
la quiebra de Nacional Financiera, cuando inopinadamente,
después y a pesar de ese escándalo, lo pusieron al frente de
dicha institución. Un poco más de 20 mil millones de pesos,
según la mismísima Secretaría de Hacienda y Crédito Público, se
perdieron por malos manejos administrativos y el otorgamiento
indiscriminado de créditos ilegales. Fue apresado en Nicaragua,
a donde llegó huyendo, con un maletín con 1 millón y medio
de dólares en efectivo. Aparte de eso, la capital del país estaba
de dar lástima: Sucia, descuidada, con una pavorosa multitud
de vendedores ambulantes, que como un millón de helmintos
lo invadían todo, sin que nadie se atreviera a decirles nada. Las
mordidas de todo tipo a los servidores públicos, empezando por
los policías, eran el pan nuestro de cada día y los pedigüeños
callejeros, con un descaro inaudito, se atrevían a chantajear
a la gente diciendo: "Prefiero pedir y que me den a tener que
asaltarlos". Si por casualidad, alguien encontraba su automóvil
desvalijado, era vox-populi que podría recuperar las piezas
robadas, mediante una corta feria, claro, en la colonia Argentina,
o en ciertas zonas muy bien identificadas de Iztapalapa, pero no
era bueno denunciar; bien, porque nunca se les hacía caso a los
quejosos o porque se corría el riesgo de que los denunciantes se
convirtieran en "clientes" de los malosos. Contra todo eso y más,
había que luchar y se trataba, por supuesto, de una lucha larga y
desgastante y en no pocas ocasiones llena de errores y desatinos.

Sin embargo, a pesar de la enormidad de los problemas en la
ciudad de México, el líder moral del PRD, solamente duró como
jefe de gobierno, dos años, de los tres que debían abarcar su
periodo, porque se separó del cargo para lanzar su candidatura
del año 2000, para la presidencia de la república. La señora
Rosario Robles, su secretaria de gobierno, fue la encargada de
concluir la primera gestión perredista en la capital y a diferencia
con los modos de su ex patrón, la señora Robles se dio vuelo

publicitando su imagen, aunque habría de sucumbir al poco tiempo, víctima de sus excesos e imprevisiones y tuvo que ser separada del PRD por un vergonzante escándalo político-financiero-sentimental con el trinquetero millonario de origen argentino Carlos Ahumada.

En esa tercera oportunidad para tratar de alcanzar la escurridiza presidencia, el señor Cárdenas obtuvo, nuevamente, un porcentaje que apenas alcanzó el 17% de la votación general. Los aspirantes eran, por parte del celebérrimo PRI, el señor Francisco Labastida Ochoa y por el PAN, el ínclito, inculto y lenguaraz, Vicente Fox Quezada.

Tengo grabada en mi memoria la imagen de Vicente Fox, joven aún, recostado en el tronco de un árbol caído de su desvencijado rancho de Guanajuato; jugueteando una brizna de hierba entre los carnosos labios, con la mirada fija en el azul y límpido cielo guanajuatense ¿En qué pensaba en esos momentos el mozo Vicentico?... A lo mejor en un futuro promisorio, sin sobresaltos ni penurias económicas... A lo mejor en la manera más simple de ganarse la vida sin tener que trabajar.

Irremediablemente; por asociación, me vino a la mente el recuerdo de otro joven; éste inmaterial e intemporal llamado Pedro Páramo, metido en la covacha donde estaba el retrete de la casa grande de su rancho, en Comala, para poder pensar a su gusto en Susana San Juan. Para poder recordar, sin interrupciones, sus hermosos ojos verdes, su rostro de ángel, sus manos blancas y suaves y las muchas ocasiones en las que habían pasado el tiempo juntos bañándose en el rio, a la sombra de los almendros y los naranjos en flor.

Pensaba en ella todo el tiempo y en la forma de recuperarla, pues la muchacha había sido arrancada de su lado sin siquiera darle tiempo de despedirse de ella... O tal vez pensaba en el modo de hacerse rico rápidamente sin que le costara mayor esfuerzo... No

lo sé, pero algo o mucho tienen en común éstos dos personajes
que han llamado tan poderosamente mi atención. Sobre todo,
después de ver la fotografía de portada de la revista PROCESO,
en la que el de Guanajuato aparecía montado en una motocicleta
Harley Davison, en plena campaña, con una amplia sonrisa de
satisfacción en el rostro, pero sin ninguna otra cosa que revelara
algo más que superficialidad.

Desde el principio se hizo notorio que el candidato del tricolor
no tenía madera para presidente, ni aún con los mil millones
de pesos que el gobierno sustrajo de las arcas de PEMEX para
apuntalar la campaña del desangelado Francisco Labastida, cosa
que fue descubierta a tiempo y tan publicitada, que al PRI no le
quedó más remedio que poner cara de circunstancia y apechugar
con las consecuencias. Un golpe terrible a esa imagen pusilánime
del candidato del tricolor, se lo propició la socióloga y periodista
Denis Dresser, cuando, en una entrevista directa, en el añorado
noticiario nocturno de canal 40 con el candidato oficial, le soltó
a quemarropa… -¿Qué se siente ir perdiendo, Francisco? Ante
la pregunta inesperada, directa, tajante de la señora Dresser,
Francisco Labastida enmudeció sin acertar a contestar más
que alguna frase incomprensible. Al paso de los días, el mismo
Labastida se encargaría de completar el knocaut electoral, cuando
se quejó ante los medios de comunicación, de la manera en que
Vicente Fox lo trataba: -Me ha llamado… "la vestida"… me ha
dicho… "Mariquita sin calzones"…

Fue en esa campaña electoral que surgió por primera vez, por
lo menos abiertamente, el llamado a la utilización en las casillas,
del famoso "voto útil"; esto es, aunque no comulgues con la
doctrina del partido político al que pertenezca, debes darle tu
voto al candidato que tiene más posibilidades de ganar para que
su triunfo sea claro e inobjetable: Mis compañeros de trabajo
insistían una y otra vez que votara por Fox, hasta que, harto,
un buen día les dije que no pensaba cargar en la conciencia con
el remordimiento de saber que había contribuido, con mi voto,

para que un tipo de tan pobres recursos intelectuales le diera en la madre al país. Al primer año del gobierno de la alternancia, esos mismos compañeros que tanto me insistieron para que cediera a su petición, fueron los primeros que se quejaron de lo que estaba ocurriendo: El escándalo del toallagate, apenas iniciado el nuevo gobierno, la boda, por lo menos irregular del presidente con su ex vocera, el otro escándalo por la compra fraudulenta de colchones del embajador mexicano en Francia, la designación del ultra priísta Francisco Gil al frente de la Secretaría de Hacienda y la ratificación o reacomodo de otros priístas en distintas dependencias administrativas, con lo que se comprobó, para pesar de muchos ciudadanos, que en realidad el PRI, por obra y gracia de Vicente Fox, no había dejado el poder, solamente lo había mudado de domicilio. De las consecuencias de ésta absurda decisión luego hablamos (o no lo hacemos, según creamos conveniente). Si la imagen del candidato del PRI, se veía gris y opaca; la del candidato del PRD no le iba a la saga y los ciudadanos de a pie, que seguíamos con interés el desempeño del ingeniero Cárdenas, nos preguntábamos, entre sorprendidos e indignados ¿por qué no cambiar la estrategia, las maneras, el discurso, si ves que lo que estás haciendo no te está funcionando? Nos desesperábamos, al comprobar que esa actitud pasiva, insípida, permisiva hasta lo inconcebible para con el candidato panista, no provocaba sino escepticismo y desánimo en la gente a nuestro alrededor; que ya no concitaba las esperanzas de 1988, porque los actos de campaña no permeaban en el ánimo de una población incrédula, ante las posibilidades de un gobierno de izquierda. Nunca pudimos entender la necedad de seguir recorriendo un camino trillado que no llevaba a ninguna parte y el resultado en las urnas así lo corroboró. El triunfo del candidato del PAN, Vicente Fox Quezada, con cerca de 16 millones de votos y un porcentaje del 43.43%, fue, como le gusta llamarlo a los políticos actuales, contundente e inobjetable y sirvió, como lo aseguró en su campaña el candidato del blanquiazul, para sacar al PRI de los Pinos, aunque nada más de ahí. El candidato del tricolor, Francisco Labastida Ochoa obtuvo un poco más de

11 millones de votos, en tanto el candidato de las izquierdas, se convirtió, por obra de su inmovilidad, en míster 17 %, porcentaje con el cual el señor Cárdenas parecía muy satisfecho, pero que a nosotros, sus votantes cautivos, nos planteaba muchas interrogantes y ninguna respuesta. Sin embargo, la conclusión a la que nos ha llevado la experiencia es simple e inobjetable. Para lograr un objetivo cualquiera en la vida, debes desearlo con todas las fuerzas de tu convicción y hacer lo necesario para conseguirlo; de otro modo, siempre estarás lamentando un resultado distinto al que perseguías y peor aún: tratarás de achacar tus malos resultados a los imponderables que no supiste prever y controlar. Sin embargo, no todo estaba perdido para la causa socialista.

El año 2000 fue particularmente importante porque se celebraba, no solamente la llegada de un nuevo año, sino el advenimiento de un nuevo siglo y con ellos, las renovadas esperanzas de la humanidad porque las cosas se empezaran a componer en todos los órdenes, para bien de nuestro atribulado planeta. Los festejos fueron apoteósicos en muchas partes del mundo. La celebración en ciudades como Nueva York, Sidney, Londres, Tokio, Malasia, se revelaron magníficas. Nuestro país también festejó el acontecimiento, porque aparte de todo, estaban en puerta las elecciones en las que se vería si el pronóstico del ex presidente Miguel de la Madrid podría cumplirse, en el sentido de que el PRI, gobernaría en México, hasta bien entrado el siglo XXI.

El 2 de julio de 2000, Andrés Manuel López Obrador, con el 34.5 % de la votación, obtenía la gubernatura del D.F. y la oportunidad de demostrar las enormes posibilidades de un gobierno que en verdad se preocupara por los desprotegidos. Como nunca, la ciudad de México avanzó hacia una transformación verdadera y eficaz. El gobierno de López Obrador le dio un nuevo rostro y le inyectó nuevos bríos, modernizándola y eficientizandola a pesar de las críticas, a veces certeras, a veces interesadas y venenosas de la oposición: Construyó los segundos pisos para ayudar al desahogo del tráfico capitalino; construyó las preparatorias y la universidad de la ciudad de México, construyó hospitales y los dotó de material y equipo de calidad, instituyó el apoyo económico a las personas mayores de escasos recursos, a los minusválidos, a los estudiantes. Remozó el centro de la capital que estaba hecho una desgracia a consecuencia del abandono de las autoridades anteriores (las del PRI). Reformó el cuerpo de policía y les mejoró el sueldo y las prestaciones.

Unos cuantos meses atrás, antes de ser electo; el 7 de marzo para ser preciso, Andrés Manuel López Obrador (AMLO), le había propinado una tunda de padre y muy señor mío, al señor Diego Fernández de Cevallos, en un debate llevado a cabo en las instalaciones de TELEVISA; concretamente en el matutino Primero Noticias, conducido en ese entonces por el periodista Joaquín López Dóriga. No solamente lo hizo ver mal, se dio el lujo de decirle en su cara que él y la camarilla a la que pertenecía, conformaban una cofradía de cínicos, rateros y sinvergüenzas que deberían estar en la cárcel, si en nuestro país existiera la justicia de a de veras. La verborrea legaloide del señor Cevallos no le sirvió de nada en esa ocasión, una y otra vez, se topó con los argumentos certeros y contundentes de AMLO y Fernández de Cevallos empezó a tartamudear, intentando burlarse, como último recurso, de lo que su oponente le decía. De ésa fecha data el odio enfermizo que el "jefe Diego" le profesa a López Obrador y que se manifiesta en forma de adjetivos peyorativos y denigrantes cada vez que el panista tiene oportunidad de referirse al tabasqueño. Sin embargo, las fuerzas del mal nunca descansan, están siempre al acecho, esperando la oportunidad de demostrarse y obtener, del modo que sea, todo aquello que les asegure no solamente su supervivencia, sino los máximos beneficios que puedan obtener en el ínter. La imagen del secretario de finanzas del gobierno capitalino, Gustavo Ponce, apostando cantidades importantes de dinero, en dólares, en un famoso casino de Las Vegas, causó un gran revuelo en el espectro político y social de nuestro país y dejó mal parado al jefe de gobierno que tardó bastante tiempo en reaccionar y pronunciarse adecuadamente sobre el asunto; sobre todo, porque se pudo comprobar que el señor Ponce era un cliente asiduo y preferente del citado lugar. Después, como en cascada, la presentación en Televisa, en el programa El Mañanero, conducido por el payaso Brozo, de un video grabado furtivamente en las oficinas del conocido truhan de origen argentino, Carlos Ahumada, en donde René Bejarano, ex secretario particular de López Obrador y por ese entonces diputado local, se embolsaba la nada despreciable cantidad de 45 mil dólares, volvió a agarrar mal parado al jefe de gobierno capitalino. Más tarde se harían públicos; primero, el sueldo que ganaba "Nico" el chofer de López Obrador (60 mil pesos mensuales) y, segundo, la relación sentimental de la señora Rosario Robles, ex substituta de Lázaro Cárdenas en el gobierno de la capital, con el citado empresario que por esa época ya gozaba de una muy mala fama pública por la forma gansteril con la que acostumbraba llevar sus negocios. Se empezó a conocer entonces la trama de apoyos recíprocos entre el argentino y algunos de los mandones del PRD en la capital. Aún así, gracias a sus acciones de política pública, AMLO logró mantener una notable aceptación por parte de la ciudadanía que lo apoyaba incondicionalmente con manifestaciones masivas y con artículos periodísticos acuciosos de una parte de la intelligentzia nacional.

Al comenzar el nuevo sexenio, todo parecía miel sobre ojuelas entre los noveles mandatarios del D.F. y el país: El intercambio mutuo de halagos y reconocimientos era la constante; por lo menos, durante su primer año de gobierno, después... algo ocurrió... o debió haber ocurrido, porque inesperadamente empezaron los ataques y con ellos, el distanciamiento cada vez más notorio y cada vez más agresivo por parte del presidente Vicente Fox hacia Andrés Manuel López Obrador, que contestaba en el mismo tono. Pudiera ser que los celos del presidente, por los logros constantes y evidentes del jefe de gobierno capitalino, hubieran llegado al punto en el que no pudo o no supo distinguir la lógica política entre los poderes necesariamente constreñidos de un gobierno local y el enorme espectro federal al que el presidente representaba. Algunos analistas, sin embargo, hicieron notar que, en el cambio de conducta del señor Fox para con Andrés Manuel, estaba la mano directa de la primera dama del país.

"Todo empezó por una mujer", dice Heródoto de Halicarnaso, en el capítulo en el que se refiere a la guerra de Troya y al origen de la misma, en su obra magnífica "Los nueve libros de la historia". Ciertamente, las mujeres, de muy diversas maneras, han tenido siempre un papel preponderante en algunas de las decisiones políticas que han marcado el destino de la humanidad: Algunas de esas actuaciones han sido para bien; otras, en cambio, han torcido inevitablemente el curso de la historia con resultados desastrosos. La desafortunada incursión de la señora Sahagún, en la vida política nacional, pertenece a la segunda categoría. La señora Martha, como cariñosamente la llamaba don Vicente; primero vocera y después esposa del presidente, gozaba de un protagonismo cada vez más alarmante y perjudicial en el ámbito de las decisiones gubernamentales, que no presagiaba nada bueno para nuestro país. Sin embargo, parecía que nada podía detenerla en el afán de conseguir sus propósitos; desde el enriquecimiento ilícito y escandaloso de su familia, hasta la pretensión de convertirse en candidata a la presidencia de la República por parte del PAN, mientras Vicente Fox se refocilaba con las ocurrencias y desplantes de su mujer. La buena señora se pensaba émula de Eva Perón, pero a diferencia de ésta, la banalidad y la superficialidad eran el sello distintivo de la dama mexicana. No tenía empacho en publicitar su vida privada, principalmente en las mal llamadas "revistas del corazón" y en hacer declaraciones sobre cualquier tema, siempre y cuando la luz de los reflectores estuviera siempre sobre su persona. El tiempo, muy pronto, se encargaría de demostrarnos que ese afán de lucimiento constante, estaba alimentado por una ambición personal sin límites y que la influencia nefasta que ejercía sobre el primer mandatario estaba causando estragos en la administración pública nacional. Los hierros del presidente se volvieron

constantes y su pasividad exasperante en la toma de decisiones
de relevancia, fueron creando un clima de incertidumbre en
la sociedad que lo contemplaba; ora atónita, ora confusa o
francamente divertida: sobre todo, al abrir las páginas de los
diarios o las revistas y encontrar que se había convertido en el
blanco preferido (y por mucho) de los cartonistas y caricaturistas
de esas publicaciones. Sus desafortunadas declaraciones y
comentarios contribuyeron también a la rápida denigración de
la figura presidencial. ¿Quién puede olvidar las frases, "Comes y
te vas", o la desastrada respuesta; "Y yo por qué? Entre muchos
otros dislates y disparates saliendo de la bocota de nuestro señor
presidente, como parte primordial de su "estilo personal de
gobernar". Afortunadamente para los mexicanos, algunos de los
miembros más prominentes del partido blanquiazul y la terrible
oposición de la opinión pública, evitaron que el desastre se
perpetuara en la figura de la primera dama y la convencieron del
despropósito de sus deseos de querer ser candidata presidencial.

Mientras tanto, una guerra descarnada, en contra del
jefe de gobierno del D.F. fue tomando forma y estalló,
intempestivamente, cuando el gobierno federal decidió
eliminar, en abril de 2004, a AMLO, como posible candidato
para la presidencia de la República por parte de los partidos de
izquierda. Para lograrlo, se valió de una muy sucia maniobra
política, consistente en quitarle el fuero al jefe de gobierno y
después meterlo a la cárcel, acusándolo del gravísimo delito
de desacato a la autoridad. Miles de páginas se han escrito
acerca de ésta lamentable y muy risible maniobra pseudo-legal.
Súbitamente, el país se vio envuelto en un maremágnum
político-social para el que el gobierno federal no estaba
preparado y sus argucias legaloides muy pronto fueron puestas
en evidencia por parte de jurisconsultos y entendidos en la
materia que hicieron notar que, en primer lugar, la Procuraduría
General de la República no estaba facultada constitucionalmente
para solicitar el desafuero a la cámara de diputados, como lo hizo
y que, en segundo lugar, tampoco se había tomado la molestia

de investigar si en verdad las cosas habían ocurrido como se empeñó en decir que habían ocurrido ¡viva la desfachatez! En el interregno, esta falaz decisión afectó gravemente la imagen de demócrata que el señor Fox tanto se había empeñado en publicitar, sobre todo a nivel internacional y estaba empujando al despeñadero a la economía nacional que empezó a dar signos de descomposición con una baja alarmante en los índices bursátiles. Casi al mismo tiempo, se había hecho público el financiamiento paralelo e ilegal, no solamente mexicano, sino proveniente del extranjero, en la campaña del propio Vicente Fox, concebido y orquestado por, hasta esos momentos, su dilecto amigo, Lino Korrodi y Carlos Rojas Magnón a los cuales se les había ocurrido el nada ostentoso nombre de "Amigos de Fox" para cubrir sus fechorías. Este descubrimiento del financiamiento paralelo, que dejaba en entredicho la legalidad del proceso electoral que llevó a "Los Pinos" al guanajuatense, hubiera sido más que suficiente para despojar al señor presidente de su cargo y quitarle el registro al partido Acción Nacional, si verdaderamente viviéramos en un estado de derecho y si los políticos de todos los signos no estuvieran acostumbrados a burlarse de la ley y nosotros, los ciudadanos comunes, no nos resignáramos a simplemente alzar los hombros en un mohín conformista y hacernos los desentendidos de las cuestiones políticas que de todas formas nos afectan o nos dañan. Por supuesto y para no desviarse de su eterna complicidad con el gobierno en turno la PGR fingió demencia y no actuó en aras de esclarecer la verdad y llevar a los culpables ante la justicia. El PRI, con el colmillo que da la experiencia política de tantos años en el poder, se apresuró a sacar raja de ésta situación, convocando a una reunión urgente con el partido Acción Nacional, para tratar de enderezar el barco que se encontraba a la deriva. La respuesta de la ciudadanía ante tanta mugre no se hizo esperar. Gente de los rincones más apartados del país se dio cita en el Paseo de la Reforma para iniciar una marcha en apoyo al jefe de gobierno capitalino y terminó en el sócalo, abarrotándolo por sus cuatro puntos cardinales. Más de un millón de personas coreando consignas

en contra del remedo de juicio de desafuero, en contra de las
venales autoridades federales y en apoyo irrestricto a AMLO,
hicieron que el señor Vicente Fox se diera cuenta del tamaño de
su despropósito y reculara* de sus negras intenciones de quitar
del camino al candidato de las izquierdas… NOTA: Recular
= a echarse de reversa. Pero todo estaba consumado, el jefe de
gobierno había renunciado a su cargo, el circo del desafuero
se había llevado a cabo con puntualidad, siempre de la mano
del PRI y el PAN y todo estaba listo para que el famoso Peje se
convirtiera en huésped distinguido del hotel "Barras y Rejas".

Ante la posibilidad muy real del encarcelamiento del ahora ex jefe
de gobierno y con todo el cinismo que los caracteriza cuando de
hacer dagas se trata, los inteligentes, cultos, honestos y amantes
de la democracia y la justicia, miembros del Partido Acción
Nacional; de la mano de su representante más aguerrida, Gabriela
Cuevas, a la sazón, diputada local en el D.F., se apresuraron a
depositar la risible fianza por dos mil pesotes impuesta al señor
López Obrador, como condición para no ser embotellado.

Pero los demonios estaban sueltos y no se detendrían hasta lograr
sus objetivos.

La cuestión del desafuero dejó como saldo resultados totalmente
contrarios a los que se buscaban en un principio. La figura de
Andrés Manuel creció exponencialmente convirtiéndolo en
un formidable oponente y en serio aspirante a la presidencia
en los comicios que se celebrarían en el 2006. Pero ni Andrés
Manuel, ni los partidos de izquierda estaban preparados (como
en su momento no lo estuvo el gobierno de Vicente Fox) para
una guerra sucia de muy alta intensidad instrumentada en todos
los medios de comunicación por los asesores del señor Felipe
Calderón, candidato del partido Acción Nacional y apoyado
desde "Los Pinos" por el propio presidente de la República.
Así pues, un gobierno que al principio había logrado concitar
grandes esperanzas y muchísimas expectativas de cambio

en los modos de concebir y ejecutar la política nacional, en el ánimo de buena parte de la ciudadanía, terminaba emulando las prácticas más groseras del partido al que, finalmente, no habían podido, ni querido sacar del poder. Por parte del Partido Revolucionario Institucional, contendía el manipulador y chapucero Roberto Madrazo Pintado, ex gobernador del estado de Tabasco y a la sazón, presidente de su partido, del que creía haberse apoderado, después de despojar de fea manera a la señora Elba Esther Gordillo de sus cargos: primero, como jefa de la bancada priísta en la cámara de diputados y, acto seguido, como secretaria general de su partido. Como dicen en mi tierra... "No sabía la clase de alacrán que se estaba echando encima". Como un torbellino incontenible, la guerra sucia desatada en la política nacional se los llevó a él y al PRI por delante, pues la señora Gordillo no se cruzó de brazos y unió esfuerzos con Felipe Calderón, utilizando la fuerza del sindicato magisterial al que controla desde hace ya muchísimos años, para lograr que el tabasqueño se desinflara como globo al paso del proceso electoral y el de Michoacán se hiciera con el poder.

"López Obrador es un peligro para México"... ¡Hijoesú!... ¡Que poca madre!... ¡Me cai que eso si calienta gacho, carnal!... ¿Quién fue el infeliz al que se le ocurrió semejante estupidez? Un españolete sin escrúpulos, pudimos enterarnos después y un gringo mafioso sin una pizca de decencia, expertos en implementar campañas políticas de lodo en sus propios países. Súbitamente, las pantallas de la televisión, la radio y los periódicos atiborraron sus espacios publicitarios con esta propaganda sucia y deshonesta. Se comparaba al candidato de las izquierdas con Hugo Chávez, se recurrió a imágenes de archivo para mostrarles a los televidentes, la forma en la que el Peje bloqueaba pozos petroleros en su tierra natal para impedir la extracción de crudo. También se le mostraba encabezando mítines y actos de protesta en diversos estados de la República... Lo que se guardaron muy bien de decir es que, la clausura simbólica de pozos petroleros, era para impedir que PEMEX siguiera contaminando grandes extensiones de terrenos de pastoreo y agrícola, principalmente de campesinos pobres sin más recursos para su supervivencia que las tierras asoladas por el accionar descuidado y vale-madrista de PEMEX y que tanto la petrolera como el gobierno federal se hacían los desentendidos del daño terrible que le estaban causando a la economía de la región, sin tener la decencia de, por lo menos, ofrecer una compensación satisfactoria. Decían, mintiendo descaradamente, con un tono de voz alarmista por parte de los locutores de esos mensajes, que una de las pretensiones de López Obrador era quitarle sus propiedades a la gente (si tienes dos casas, te va a quitar una; si tienes dos autos, también te va a quitar uno). Y fueron más lejos aún… en la calle, llegamos a escuchar a cincuentonas ignorantes, comentando con otras señoras iguales a ellas, que López Obrador intentaba, de llegar al poder, quitarles a sus hijos pequeños a las familias para mandarlos a Cuba o a Rusia, para que los vendieran como esclavos o los usaran del modo que mejor les conviniera. Este tipo de comentarios me hicieron recordar un enorme letrero que vi pintado en una barda de las goteras de la ciudad de León, en la década de los setentas del siglo pasado y que decía: "El comunismo es el diablo, nuestro deber es acabar con él". También decían que quería quedarse con PEMEX, para dárselo a sus familiares y que la clase trabajadora, una vez concluida su jornada laboral, tendría que hacer talacha al servicio del gobierno en cualquier parte que se requiriera. En fin, todos los absurdos que se les ocurrieran, mientras más descabellados, mejor. Andrés Manuel se convirtió, en un abrir y cerrar de ojos, en casi el prototipo güegüenche de Osama Bin Laden. Muy pronto, denostarlo públicamente, se convirtió en un deporte nacional y fue tan tenaz el golpeteo, tan abrumador, que en muchas ocasiones los adjetivos que le endilgaban eran en plan de franca mofa, hechos incluso por funcionarios o miembros del PAN de tercer nivel a los que se les daba espacio en las pantallas de televisión para que lanzaran sus invectivas. Por obra y gracia de ésta propaganda artera, el Peje fue transformado en un blanco al que todos se sentían con derecho a insultar y lanzarle sus dardos emponzoñados, con la seguridad plena de la impunidad. El partido Acción Nacional, amante de la democracia, la legalidad y las buenas maneras, esforzado caballero de la paz y la civilidad, concitaba entre la población un odio enfermizo y mezquino en contra de un opositor político, como nunca antes se había visto en la historia reciente de nuestro país. Si el desafuero no había logrado detener al Peje, el desprestigio se encargaría de obrar el milagro.

Atónitos, cogidos desprevenidos, tanto los partidos postulantes del tabasqueño, como los miembros de su comité, tardaron mucho tiempo en reaccionar y cuando lo hicieron, tibiamente, la moneda había caído del lado contrario. Viéndolo en retrospectiva, no podía esperarse otra cosa de gente sin dignidad y sin principios, carente a todas luces del más elemental sentido de la ética y la moral, como lo eran el señor Felipe Calderón y los allegados a su círculo más íntimo. Las oleadas de lodo pronto contaminaron a la ciudadanía que empezó a mirar con otros ojos al candidato del movimiento "Por el bien de todos", sobre todo, cuando López Obrador, se negó a participar en el primer debate, de dos, convocado por el Instituto Federal Electoral.

El atril vacío, en el lugar donde se efectuó el primer debate, le dio a entender a la gente, principalmente a las clases medias, el enorme desprecio que el señor López Obrador sentía por todo aquello que no concordara con sus ideas. A partir de ese momento, las encuestas a su favor empezaron a caer, lenta pero inexorablemente; no importa que haya asistido al segundo debate, en donde, para colmo, se esperó hasta el último minuto para atacar con un argumento contundente a su principal opositor, Felipe Calderón Hinojosa, el candidato del partido Acción Nacional.

Al frente de la institución encargada de sacar adelante las elecciones, estaba el opaco y agachón Luis Carlos Ugalde, puesto en el cargo por influencia de doña Elba Esther y que, fiel a su consigna, se apresuró a cantar el triunfo del candidato del PAN a pesar de lo cerrado del conteo electoral preliminar. Tiempo después, el propio Luis Carlos Ugalde confesaría públicamente, que fue presionado incluso por el mismísimo Felipe Calderón para que ejecutara su maniobra lo más pronto posible y así dejar a la oposición con un palmo de narices. Después... todo fue cuestión de tiempo y de un mero trámite administrativo. Porque un mero trámite es y no otra cosa, la calificación de las elecciones por parte del Tribunal Electoral del Poder Judicial de la Federación, que actúa como una oficialía de partes y no como el órgano encargado de dar certeza a los procesos electorales con justicia y equidad. Estas palabras, JUSTICIA Y EQUIDAD, no existen en el vocabulario de los magistrados electorales, como tampoco existen las palabras legalidad, imparcialidad y vergüenza: Sus aseveraciones, sus alegatos, sus declaraciones públicas son una confesión puntual de su pobreza intelectual, de su más que notoria ineptitud y su muy retorcida manera de interpretar y aplicar la ley y son también, una constante ofensa a la inteligencia, al sentido común y a los principios de honestidad e imparcialidad que deberían ser el leitmotiv de su trabajo, pero esto nunca les ha importado un carajo porque se saben a salvo de cualquier eventualidad que pudiera poner en peligro sus altos cargos y sus más que jugosos salarios.

Después del conteo de los paquetes electorales, el IFE declaró vencedor de los comicios al panista por apenas un poco menos de medio punto porcentual, cifra que fue validada al poco tiempo por el TRIEFE, que le entregó su constancia de mayoría al señor Calderón Hinojosa, sin que importaran los alegatos de la coalición de izquierda que no se cansaba de denunciar un descarado fraude electoral. Por si acaso, los documentos del proceso fueron puestos a buen recaudo, pues no solamente los Partidos y las fuerzas de izquierda, sino una buena cantidad de particulares distinguidos entablaron juicios, solicitando, desde la anulación de los comicios por la enorme cantidad de irregularidades detectadas antes, durante y después del proceso, así como un nuevo conteo de los votos (voto por voto, casilla por casilla) para saber si, efectivamente, el de Michoacán se había alzado con el triunfo, como afirmaba. También se entablaron juicios de amparo, llevando el caso inclusive a la Corte Interamericana de Derechos Humanos, para evitar la destrucción de los documentos de la elección. Los ánimos estaban tan caldeados en todos los estratos sociales, que a las autoridades no les quedó de otra que apechugar y proceder a la protección de esa papelería.

Después del fallo del Tribunal Electoral, un plantón en el Paseo de la Reforma, orquestado por AMLO y sus seguidores, acabó por hundir la imagen del tabasqueño ante la opinión pública y le dio más armas a sus detractores para que lo siguieran atacando:

> "Tú sabes que no es fácil,
> Sabes lo difícil que puede ser
> Tal como están las cosas
> Me van a crucificar"…
> (John Lennon, la balada de John y Yoko).

El ambiente siguió calientito, hasta la toma de protesta del flamante nuevo presidente de la República, el primero de diciembre de 2006. Ese día, el Congreso de la Unión era un hervidero… Rumores, infundios, sospechas; gritos, insultos, empujones. El palacio legislativo de San Lázaro fue aislado por medio de enormes vallas metálicas hasta quedar convertido en un búnker inexpugnable. ¿Miedo a la turba embravecida, ávida de la sangre de los auto-proclamados defensores de la ley? ¿Terror a grupos de anarquistas armados hasta los dientes para cobrar alguna clase de venganza por las afrentas recibidas durante siglos de ignominia? Tal vez, en realidad, el miedo cerval producido por la magnitud del atraco que estaban perpetrando y la noción plena de que el pueblo pudiera cobrárselos del modo irrevocable con que suele cobrarse ese tipo de afrentas. Ni los vecinos que habitaban en los alrededores del congreso podían pasar a sus viviendas. Pero el temor nos había ganado a todos, no solamente a los supuestos ganadores de la jornada electoral. En el interior del recinto reinaban el caos y la incertidumbre.

Las puertas de la sala de plenos habían sido selladas por los partidos de izquierda, para impedir que el supuesto ganador ingresara y rindiera protesta después de colocarse la banda presidencial. Pero la comitiva logró colarse por una pequeña puerta lateral; oficiales del ejército de mediano rango vestidos con sus uniformes y varios más, vestidos de paisanos hicieron acto de presencia en la tribuna, con el rechazo justificado de la mayoría de los parlamentarios. Se trataba, según supimos después, de elementos del estado mayor presidencial que ilegalmente habían sido introducidos para asegurar la toma de protesta del candidato del PAN. El acto de la juramentación no duró ni diez minutos; después, el recién uncido emprendió las de Villadiego, cobijado por los mismos testaferros que lo habían ayudado a entrar. La escena resultó más bien cómica: Era como si en lugar de haberse colocado la banda presidencial, el chaparro Felipillo Calderón se la hubiera robado.

# CAPITULO IV

○

# UNA PÁLIDA SOMBRA
## (PROCOL HARUM)

-Declaro, declaro la guerra en contra de… Frente al flamante nuevo presidente, un círculo de regular tamaño dividido en fracciones, como las rebanadas de un pastel y en cada una de las rebanadas, escrito el nombre de los probables grupos a ser retados: Alrededor del círculo, los participantes, que pueden variar en número, según el interés que el juego haya despertado… ¡El narcotráficooo!

Y, efectivamente, el juego comenzó, solo que de manera desorganizada y dándole al enemigo todo el tiempo del mundo para que se pudiera resguardar, pues la contienda debía durar seis largos y sanguinarios años. Para hacer la cosa más emocionante, se invitó a las fuerzas armadas de nuestro país a participar y éstas accedieron gustosas, pues además, era su comandante supremo el que las solicitaba. Pero había que agregarle una dosis de dificultad al juego, para que el público se mantuviera atento y no se distrajera con cuestiones insustanciales, como la creación de los nuevos empleos prometidos durante la campaña electoral. Cada operativo, cada puesto de control instalado, cada incursión en tierras hostiles, eran anunciados con por lo menos una semana de anticipación, no fuera a ser la de malas y se agarrara a los principales cabecillas desde el principio, con lo que el torneo perdería todo su interés y emoción. En el inter, el reconocimiento cínico de la trastada… - "Si, yo gané las elecciones: aiga sido como aiga sido"; así, sin "h", tal como la utilizamos los que pertenecemos a la naquiza.

Es muy difícil no pensar en un genoma de esclavitud anidado en la médula de nuestros huesos, sobre todo, cuando las decisiones que se toman implican entregarle el poder, en bandeja de plata a extranjeros arribistas sin ninguna afinidad con nuestra luenga y polimórfica cultura mexicana. Aunque por razones de índole socio cultural, dicho genoma está presente en la mayoría de nosotros; hay sus muy valiosas excepciones, claro está. Pero, es fácil comprobarlo, la malévola tara se manifiesta con mayor viveza en algunos de nuestros congéneres, más que en otros, sobre todo, en aquellos con un muy oculto o muy bien disfrazado sentimiento de NO PERTENENCIA a nuestras raíces, primordialmente en los ciudadanos ultra conservadores de derecha, descendientes en línea directa de los españoles peninsulares y de los cuales, sus rimbombantes apellidos son su mejor tarjeta de presentación: Azcárraga Vidaurreta, Azcárraga Milmo, Azcárraga Jean, Uruchurtu, López Portillo y Pacheco, De la Madrid Hurtado, Salinas de Gortari, Fernández de Cevallos, Zedillo Ponce de León, Fox Quezada, Calderón Hinojosa… -¡Oh, pues, es solamente una teoría!... Pero tiene sus bases, sus fundamentos y su lógica, veamos por qué: Para estos grupos, tradicionalmente poco nacionalistas, lo extranjero siempre es mejor que lo nacional, sobre todo en los ámbitos social, económico y político. Siempre están haciendo comparaciones y elogios de los logros obtenidos en otros países; principalmente anglo sajones. Su máxima aspiración ha sido siempre, que seamos dominados por alguna potencia que nos brinde seguridad y confort (solo en este aspecto son incluyentes). De una educación nacional a una extranjera, prefieren la extranjera; de una empresa mexicana a una de otro país, prefieren la otra y lo mismo pasa con la ropa, los electrodomésticos y hasta las películas. Lo nacional les produce algo más que simple fobia; "asquito", para emplear la peyorativa expresión de un desangelado gobernador del estado de Jalisco de triste memoria: En el ámbito alimenticio, por ejemplo, prefieren Mc Donalds y Sub Way, a los tacos y las tortas.

Son ellos o sus voceros, los que tildan de patrioterismo o nacionalismo trasnochado a los que esgrimen argumentos o se expresan a favor de lo mexicano. En tal virtud, deshacerse de todo aquello que tenga un cierto tufillo autóctono, es su principal objetivo; les encantaría cambiar de piel, así como se cambian un abrigo o una chaqueta.

Sin embargo, cuando alguno de estos gentiles representantes de la ultraderecha es cuestionado acerca de tales actitudes, la negación es su mejor defensa, al mismo tiempo que se dicen ofendidos y aún agredidos por tales señalamientos, porque afirman, con un tono de voz muy convincente, que aman profundamente a México y por eso siempre buscan lo mejor para el país.

Es evidente que el neo liberalismo les vino a proporcionar una bocanada de aire fresco cuando más la necesitaban. Les ha permitido recuperar la confianza en que sus aspiraciones pro colonialistas puedan pasar desapercibidas gracias a la globalización, a la que defienden a capa y espada. Los argumentos con los que ahora pretenden convencernos de que su sistema es la única solución a los múltiples problemas de la humanidad, son toscos y repetitivos; no resistirían un análisis profundo y serio por parte de los sociólogos y los economistas. En su óptica mercantilista, todo tiene un precio y, por tal motivo, todo puede comprarse o venderse; hasta las conciencias de algunos miembros más destacados del nuevo stablishment. Para éstos absolutistas del libre mercado, es hasta natural su pretensión, de privatizar las pocas industrias nacionales con las que aún contamos: PEMEX y C.F.E. por delante. Tienen en la mira al sistema educativo público y la creencia firme de que tarde o temprano podrán hincarle el diente. Por lo pronto, ya comenzaron con el sistema de salud. La concesión de las lavanderías del IMSS hace algunos años, fue el primer paso; le han seguido las concesiones de las farmacias, los laboratorios de análisis clínicos, la vigilancia y los servicios de limpieza y mantenimiento en muchos de los hospitales de la Secretaría de Salud en todo el país, a través de contratos leoninos para nuestras instituciones llamados muy acertadamente COMODATOS. Poco a poco, para que no se sienta tan feo el trancazo, nos hemos ido quedando sin una industria nacional. Nos hemos quedado, ¿quién lo hubiera imaginado? sin industria cervecera: Las cervecerías Modelo, Cuauhtémoc y Moctezuma, son solamente un recuerdo; ahora le pertenecen a grandes corporativos transnacionles, la industria tequilera ha seguido sus mismos pasos, las chocolateras todas, le pertenecen a la transnacional Nestlé. Sherwin Williams acaba de comprar la marca de pinturas Comex. La tabacalera mexicana, la Cigarrera la moderna, hace tiempo pasaron a mejor vida. La otrora pujante industria automotriz mexicana, también chupó faros: Dina diesel nacional, Mexicana de autobuses, autobuses Sultana, trailers y camiones Ramírez. Solo despojos y malos recuerdos nos van dejando y, como si no fuera suficiente, desde que la derecha tomó las riendas del país, no ha cejado en su empeño de seguir vendiéndonos espejitos y cuentas de vidrio. Entusiastas, no dejan de asegurarnos que muy pronto las cosas van a cambiar; que lo mejor está por venir, que estamos a un paso de ingresar en un mundo de insospechada bonanza. En un tono triunfalista, sin matices, nos aseguran que nos encaminamos a un futuro promisorio auspiciado por sus actos de gobierno: pero nunca le ponen fecha a ese futuro que nosotros, escépticos como somos, vemos escurridizo e inasible. Será porque la realidad se empeña en demostrarnos otra cosa, muy distinta de los trucos de magia con los que nos quieren engatusar.

Según la película Gattaca, en el futuro solamente existirán dos clases de personas; las que tendrán el poder y el control, merced a sus desarrolladas capacidades y las que se dedicaran a servirlos, desempeñando los trabajos más bajos e infamantes de la escala social. Estos pobres próximos brutos, no contarán en absoluto; ni siquiera serán considerados como personas. En la edad media solamente existían los señores feudales y sus vasallos, los neo-liberales pretenden que volvamos a la misma situación y ponen todo su empeño en conseguirlo. En una crisis económica mundial, como la que estamos padeciendo ahora, la clase patronal de casi todos los niveles y en casi todos los países, mantiene sus empresas a flote, disminuyendo ilegalmente las prestaciones de sus trabajadores: les reducen el sueldo, alargan las jornadas de trabajo, o las acortan, entre otras maniobras. Lo hacen, dicen, para no tener que cerrar sus negocios, dejando a todos sus trabajadores en la calle. Quizás sea verdad; en parte. Lo cierto es que muchos empresarios prefieren pasar a la báscula a sus empleados, que no ver disminuido el monto de sus fortunas personales. Los insultantes ejemplos del año 2008, en Los Estados Unidos, son más que elocuentes: En muchos de los grandes corporativos financieros que tronaron, las aseguradoras, los bancos, las casas de corretaje, tuvieron la desvergüenza de darles bonos millonarios a sus altos funcionarios, en plena debacle económica, por "buen desempeño", mientras millones de personas eran llevadas a la ruina, pues sus ahorros de toda la vida se esfumaron como la neblina, gracias al manejo irresponsable de esos "eficientes" caballeros. Actualmente, la moda en muchos países, México incluido, es la contratación de "outsourcings" (pinches anglisismos post modernos), compañías que se dedican a proporcionar empleados a las empresas que así lo solicitan, sin ninguna responsabilidad laboral para las contratantes. Se supone que la outsourcing se encarga de todo: Pago de sueldos y prestaciones, afiliación de los trabajadores al Seguro Social, pago de cuotas al INFONAVIT, aguinaldos, pago de impuestos. Pero resulta que una gran proporción de éstas novedosas proveedoras de carne laboral funcionan al margen de la ley; son compañías patito que ni pagan impuestos, ni abonan a las cuotas del IMSS o del INFONAVIT y que esquilman a los trabajadores pagándoles sueldos de hambre, esclavizándolos, prácticamente, por la necesidad que tienen de alimentar a sus familias. La mayoría de los sindicatos en éstas contratadoras de personal, o no existen o son blancos, esto es, sirven a los intereses de la compañía, antes que a los trabajadores.

Las novedosas outsoursings, tan sobrevaloradas por empresarios y políticos inescrupulosos, no son otra cosa que un mecanismo de involución, un sistema de reversión de las conquistas laborales a nivel global: En otras palabras, no solamente son regresivas sino francamente ahistóricas… El colmo del absurdo es que en nuestro país las quieren legalizar. De lograr sus propósitos, entonces; al diablo con las sangrientas luchas de la clase obrera mundial de principios del siglo XX, que costó la vida de miles de trabajadores y luchadores sociales que se sacrificaron por mejorar las infamantes condiciones de trabajo imperantes en esa época; (recordemos, en México, las huelgas pre-revolucionarias de Cananea y Rio blanco y la brutal represión con que fueron sofocadas), al diablo con sus conquistas laborales y sindicales, al diablo con la seguridad y la estabilidad en el trabajo contempladas como un derecho fundamental en los documentos respectivos de la ONU ¡Al diablo con la historia!

En ésta línea de pensamiento, con la noción de que lo privado es mejor que lo público y de que lo de afuera es mejor que lo de casa, ensalzando sus supuestas bondades, pero omitiendo tramposamente sus enormes carencias y defectos, no resultó extraño que el flamante segundo presidente blanquiazul, haya nombrado, primero como su secretario particular y después como secretario de gobernación (el segundo puesto en orden de importancia gubernamental) a su cuatacho del alma, Juan Camilo Mouriño, un español aventurero al cual el presidente alababa sin recato, ponderando en el, unas virtudes que los nativos de México nunca pudimos constatar. Pero Dios existe y es sabio: De no haber ocurrido lo que ocurrió, es probable que a estas alturas del partido estuviéramos lamentando la ignominiosa entrega de la presidencia de la República, a un español ambicioso y sin escrúpulos, lo que hubiera equivalido a devolverle el control político de nuestro destino a España. Si esto no es ser entreguista y tener alma de esclavo, entonces, no sé lo que será. ¡Dios es grande!

"Nadie es una isla, completo en sí mismo;
Cada hombre es un pedazo de continente,
Una parte de la tierra,
Toda América queda disminuida, como si fuera
Un promontorio, o la casa de uno de tus amigos,
O la tuya propia.
La muerte de cualquier hombre me disminuye,
Porque estoy ligado a la humanidad;
Por consiguiente, nunca preguntes por quien
Doblan las campanas: están doblando por ti.

(John Donne, 1624)

El poema precedente viene a cuento, porque, aunque pudiera creerse lo contrario, el terrible accidente de aviación en el que perdieron la vida el joven secretario de Gobernación y otras ocho personas, nos impactó y nos lastimó profundamente, dejándonos un regusto amargo en la boca. Somos humanistas por convicción, creemos en la fuerza de las ideas y en el valor de las palabras ¡Por eso somos escritores! Siempre nos ha conmovido la muerte de cualquier persona y por cualquier causa, aunque se trate de malandros de cuello blanco, o de matones inescrupulosos al servicio del crimen organizado... O de indocumentados indefensos, que salieron de su patria en busca de mejores horizontes para ellos y sus familias; o de mujeres ultrajadas sexualmente primero y después ejecutadas con una saña inaudita, o de ciudadanos comunes que tienen la mala suerte de atravesársele a la calaca.

Por eso creemos que no era poca cosa el hecho de que el presidente Calderón hubiera logrado su pretensión de dejarle el poder a su entrañable amigo, al que le rindió honores durante sus exequias, como si se hubiera tratado de un héroe nacional.

Pero no ha sido este émulo tardío del tequihuaque, Tlacochcalcatl Moctezuma Xocoyotzin el único que ha obrado en tal sentido: Los mexicas de ese tiempo decían de su emperador que se había convertido en la mujer del conquistador, porque no solamente le entregó su imperio en bandeja de plata, sino que le proporcionaba rápidamente y sin recato todo lo que el español le pedía. Recordemos también la autoproclamación del español peninsular Agustín de Iturbide como emperador de la patria recién liberada, para regocijo y beneplácito de los conservadores de ese tiempo, o el llamado que hicieron, cuarenta años después, esas mismas almas nobles y desinteresadas, al archiduque Maximiliano de Habsburgo para que nos gobernara, coronándolo también emperador, para variar; o el nombramiento, en las postrimerías del siglo XX, de un asesor de origen francés, por parte de Carlos Salinas de Gortari, al que inclusive le dio la nacionalidad mexicana para que nadie la hiciera de tos. Están también los asesores españoles de Vicente Fox Quezada y el ya mencionado Juan Camilo Mouriño, para Felipe Calderón Hinojosa. Pero hay que reconocer que los conservadores tienen el don de la paciencia, pueden esperar años, incluso décadas, hasta que el fruto de sus deseos esté maduro y caiga en sus manos por su propio peso. México está anémico, a causa de la sangre derramada en la guerra de Felipe Calderón contra el crimen organizado. El producto interno bruto creció en porcentajes ridículos durante todo el sexenio del presidente chaparrito, peloncito y de lentes, como lo describió Manuel Espino: el sistema educativo está para llorar y la oferta de campaña del señor Calderón, de ser el presidente del empleo, fue una gracejada, una feliz ocurrencia que después se olvidó de cumplir. Pero, neoliberal al fin y al cabo, con la mano en la cintura dejó sin trabajo, de un día para otro, a más de 45 mil empleados de la Compañía de Luz y Fuerza del Centro, aduciendo que representaban una enorme carga para el erario nacional, lo que se le olvidó mencionar, fue que detrás de esa decisión estaba la idea de apropiarse de los no pocos miles de kilómetros de fibra óptica para su uso en los servicios de telefonía móvil, televisión e internet (el famoso triple play). Está el asunto de las gasolinas y de una refinería que nunca se construyó. El precio de los combustibles que utilizamos en nuestro país, sube religiosamente cada mes… desde hace ya muchos años. El gobierno, dice; subsidia el costo real, para no afectar el bolsillo de los mexicanos… ¡Oh, cuanta nobleza, cuanto desprendimiento desinteresado en el quehacer gubernamental! En pocas palabras, lo que el gobierno nos restrega en la cara, cada vez que puede, es que nos la está dejando caer poco a poquito, para que no nos encabritemos… "Con paciencia y salivita, un elefante se cogió una hormiguita". Cierto, el precio internacional de las gasolinas alcanza cifras que la mayoría de los mexicanos, merced a nuestros escuálidos salarios, no seriamos capaces de cubrir y si el gobierno subsidia los combustibles, lo hace para no tener que sufrir manifestaciones y huelgas que lo dejarían muy mal parado ante la opinión pública internacional, que es la que verdaderamente le preocupa.

Hay algo de cinismo y mucho de sadismo en la ecuación con la que nos presentan el embuste y que, vista con detenimiento, tiene algunas ramificaciones interesantes: Si te pago más podrías intentar liberarte y entonces ¿cómo te controlo? Por eso la Comisión Nacional de los Salarios Mínimos es una bendición para todos nosotros. Si México fuera un país medianamente justo, dicha comisión se llamaría, tal vez, "Comisión Reguladora del Sueldo Base". O, bien, "Comisión Nacional del salario remunerativo". En lugar de eso, armaron una comisión que vigila perrunamente que los sueldos no excedan el nivel de supervivencia. El verdadero problema para los economistas neoliberales que controlan la SHCP, estriba en lograr crecimientos decorosos del producto interno bruto, del orden del 2 al 3,5% anual, manteniendo a raya a la clase trabajadora, pero sin poner en riesgo el intercambio de capitales. Para eso (para el intercambio controlado de capitales) se inventó "El buen fin", ¿o no?

Además, el precio internacional de las gasolinas se taza en dólares, pero a los mexicanos no nos pagan nuestro salario en dólares, sino en simples y devaluados pesos, que en este momento están al trece por uno, peo lo que es peor, comparativamente, los mexicanos ganamos ocho veces menos que los gringos... entonces ¿con qué ojos, divina tuerta?

Sin embargo, el punto central en éste asunto y que a los mañosos interesados en la privatización se les olvida, es que México tiene que importar las gasolinas, porque NO SE PRODUCEN EN NUESTRO PAIS, al menos no, en las cantidades necesarias para cubrir nuestros requerimientos diarios. Esto se debe a que carecemos de refinerías que procesen el crudo adecuadamente y se obtengan no solamente gasolinas y combustóleo, sino sus derivados, a saber: destilados, aceites, aditivos y productos de acabado intermedio para uso industrial. Ahora bien, la carencia de refinerías; la no construcción de refinerías, se debe a que los mandones del gobierno federal, desde la época de Carlos Salinas, están con la muletilla constante de que PEMEX es ineficaz y debe modernizarse.... ¡Can-can-can-can!... ¡Privatizándolo! Y la mejor manera de venderlo a quienes el gobierno considere "la opción más adecuada", lo más barato posible, para que ninguno de los postulantes se llame a engaño, es mostrándolo como una empresa anticuada, ineficiente, sin los recursos necesarios para crear la infraestructura que se requiere y que es muy costosa. PEMEX es incapaz, sostienen, de solucionar sus problemas por sí misma. Ojo; la iniciativa privada si puede hacerlo, porque la iniciativa privada lo sabe y lo puede todo. No importa que se trate de empresas fantasma, o fraudulentas, creadas al vapor para lograr conseguir ganancias insultantes e inmediatas evadiendo el pago de impuestos; con un pie puesto en la calle para desaparecer sin dejar rastro al primer indicio de peligro en su contra. Vender PEMEX y los pocos activos nacionales que aún nos quedan, es una obsesión de la ultra derecha globalizada y su tuerta visión de la economía, no importa que el número de pobres crezca exponencialmente cada año y la miseria siente sus reales en más del cincuenta por ciento de la población; algo que es más que evidente tanto para los observadores y estudiosos del fenómeno, como para la gente que padece las consecuencias del anormal amor por el dinero de éstos parásitos.

Una de las trampas más socorridas del sistema monetario internacional, consiste en hacernos creer que no hay otro camino para superar una crisis económica agudizada, que constreñir el gasto público, todo lo que se pueda. Esto significa, simple y llanamente, obligar a los países endeudados a efectuar recortes presupuestales en todos los rubros no productivos de la economía: La salud, la educación, el bienestar social, la cultura, el deporte. Esgrimen, como argumento, que son gastos que ningún gobierno puede darse el lujo de tolerar en tiempos de crisis. También se incluyen los bienes y servicios que representan una carga extra en el paquete de gastos contemplados en el presupuesto.

La liviandad con la que los gobiernos comprometidos en una situación de insolvencia, ejecutan estos lineamientos, es, por decir lo menos, asombrosa y la consecuencia inmediata de tal obsecuencia, es el desempleo. Las empresas y contratistas que venden sus productos o tienen negocios directos con el estado, también se ven afectadas y son las que primeramente contribuyen a que el número de despedidos aumente exponencialmente, cuando su socio, económicamente disminuido, decide cancelar la relación. A ésta primera andanada, le siguen el ramo de la construcción, que se estanca o se paraliza de plano y la industria manufacturera y después, como en cascada, las empresas de mayor peso específico y aún los grandes corporativos nacionales o transnacionales. Con el desempleo, la insolvencia de la clase trabajadora se hace presente y se acelera de manera irreversible, porque se dejan de percibir los recursos que hacen posible el intercambio de productos por dinero, que es el engranaje principal que mantiene sana y en movimiento la economía. Se dejan de pagar la casa, el auto, los enseres domésticos adquiridos a plazos; se dejan de pagar los impuestos, precisamente en el momento que mayor necesidad se tiene de ellos.

Los ahorros personales y empresariales disminuyen alarmantemente o de plano se evaporan, azuzados por la inseguridad. Los capitales golondrinos levantan el vuelo y abandonan el nido que los hizo ricos en el corto plazo. En la debacle, dos golosos insaciables hacen acto de presencia con la parsimonia de un perezoso acabado de despertar: Se llaman, especulación e inflación; que aprovechan el caos para hacer su agosto, pues el caos es el elemento natural en el que se desarrollan con total impunidad, aunque, siendo justos, debemos reconocer que detrás de estos perniciosos elementos, se encuentra la ambición, que los hace posibles.

En esta época, los conceptos han cambiado su significado radicalmente y la ambición se mira ahora, no como un defecto, producto de la debilidad humana, sino como una cualidad que hay que aplaudir. Así, debemos ser ambiciosos, para no correr el riesgo de ser señalados como mediocres.

Una crisis económica, condiciona una crisis emocional que en la mayoría de los casos es irreversible y cuyos estragos, no pueden valorarse a simple vista, porque sus secuelas no son físicas, sino morales. No hay sentimiento más estresante, que la angustia de quedarse sin trabajo de un día para otro, o la incertidumbre de no saber si nos van a echar a la calle, porque el lugar donde prestábamos nuestros servicios va a cerrar, al ser declarado en bancarrota por los acreedores. Inmediatamente se piensa en la familia, en los hijos, en los compromisos que no podrán solventarse. ¡Se piensa en el futuro sin esperanza! En el dolor de imaginar a nuestros seres queridos sufriendo privaciones por una situación que no supimos prever.

La crisis social que se deriva de un evento económico, puede resultar, en muchos casos, en franca insurrección, que solo es posible controlar con el uso de la fuerza. Una vez subidos en ese tobogán, solo es posible abandonarlo hasta que tocamos el suelo. El proceso de recuperación es en todos los casos, lento y doloroso y deja cicatrices permanentes en la memoria y en el alma de los afectados, sobre todo, si se llega a saber que, a pesar de las medidas draconianas implementadas en contra de la ciudadanía, los miembros de algunos de esos gobiernos en crisis se aumentan el salario de manera impúdica y escandalosa. La única manera de salir del atolladero, según los dueños del capital, es pagando lo que se debe, o, por lo menos, los jugosos intereses con los que nutren sus fortunas. La suspensión de pagos está proscrita. Es tema tabú en las negociaciones por la reestructuración de una deuda; los dueños del dinero no pueden darse el lujo de permitir que alguien se salga del huacal, pues si lo hicieran, todos estarían tentados de seguir el mal ejemplo, pero si la situación es tan crítica, que no haya más recursos disponibles para satisfacerlos, pueden darse el lujo de mostrarse generosos y condonar ciertas cantidades, de tal manera que los implicados se sientan obligados moralmente a continuar uncidos al yugo capitalista. En estas condiciones, todos tienden a echarse la culpa; unos por pedir demasiado y otros por prestar en exceso. Sin embargo, nadie se atreve a desafiar a los poderosos caballeros de la banca; tantito, por temor a ser acusados por sus congéneres como irresponsables y tantito, porque si cualquier otro tipo de medidas fallan, no quieren afrontar el ridículo de tener que volver al redil con la cola entre las patas.

Sin embargo, "para que la cuña apriete, debe ser del mismo palo" y eso es precisamente lo que demostró el presidente norteamericano, Franklin Delano Roosevelt (1933-1945) al enseñarle al mundo, como se puede controlar y superar una crisis financiera de proporciones catastróficas, aún dentro de un sistema capitalista tan acendrado como el estadounidense.

Con su programa del New Deal (Nuevo trato) en la mano, no solamente sacó a su país del Mäelstrom económico que lo ahogaba, durante la etapa conocida históricamente como "La gran depresión" (1928-1935) sino que sentó las bases para el desarrollo armónico y sostenido que lo convirtió en potencia después de la Segunda Guerra Mundial. Con su proyecto, el gobierno federal se convertía en un instrumento activo del cambio económico y social que tanto estaban necesitando los estadounidenses, dejando de ser, al mismo tiempo, un mero observador pasivo de las negligentes conductas del mercado. Reorganizar la economía, estabilizar el sistema financiero, reactivar y regular la producción agropecuaria, establecer programas sociales de asistencia y protección para la población en general y para los más necesitados en lo particular, con la creación, entre otras cosas, de un fondo de ayuda para los desempleados. Devolverle la vitalidad al ramo de la construcción, con la edificación de presas, puentes y carreteras. Para lograr sus propósitos, contaba, entre otras, con una "Ley de recuperación de la industria", diseñada para intervenir legalmente en la organización de la economía derivada del proceso industrial.

En su famoso discurso, dirigido a los industriales medrosos, timoratos y abusivos de su país, les hizo ver la nobleza detrás de su magnífica argumentación: "El aumento de los salarios y la reducción de la jornada laboral, no perjudicarán a ningún empleador, pues éste cambio de nuestra conducta, elevará sustancialmente la producción de manera sostenida, al requerir, gracias a la reducción de los horarios laborables, mayor cantidad de mano de obra. Al crear más puestos de trabajo, se crea, también, un mayor número de consumidores para los productos que se fabriquen, con lo que no solamente sus inversiones están aseguradas, sino la prosperidad de toda la sociedad". Este es el sencillo razonamiento detrás de la "Ley de restablecimiento industrial", pero es algo que, con el paso de los años, los países adictos al sistema de libre mercado han olvidado; lamentablemente.

Felipe Calderón fue todo, menos el presidente del empleo y su administración, caracterizada por una guerra sangrienta totalmente fuera de control, la inoperancia de la mayoría de los funcionarios Calderonistas, el abuso en el presupuesto y el crecimiento exorbitante de la deuda pública, es llamada por algunos críticos, "el sexenio de la muerte". También podríamos llamarlo, "El sexenio de los fracasos esplendentes": Fracasó, de primera mano, en una reforma educativa total que sacara o empezara a sacar de las mazmorras de la ignorancia tanto a los estudiantes como a los profesores de nuestro país. Fracasó también, en sacar al IMSS e ISSSTE, de la bancarrota que los tiene postrados económicamente y les impide brindar una cobertura en salud como Dios manda y lo requiere la población, que tiene que comprar la mayoría de los medicamentos recetados por los médicos de nuestros hospitales públicos, para no hablar de estudios de gabinete y laboratorio; como ultrasonidos y tomografía computada, que tienen que efectuarse con particulares porque no existen en muchísimos de esos nosocomios. Fracasó de manera estrepitosa en su combate a la pobreza, si es que alguna vez tuvo la intención de disminuirla: Según cifras oficiales del IENGI, el número de pobres aumentó en 3.5 millones, durante el sexenio del señor Calderón. Fracasó, como no, en posicionar a su hermana Cocoa, como gobernadora del estado de Michoacán y a su subordinado José Ángel Córdova, como candidato al gobierno de Guanajuato. Fracasó, en su anhelo de dejarle la presidencia de la República a su cuatacho Juan Camilo Mouriño; fracasó en su maldecida guerra contra el narcotráfico, que ha dejado más de 80 mil muertos reconocidos en el país (sin contar a los que no se ha podido identificar ni aquellos que simplemente se da como "desaparecidos") y en lograr la postulación de su empleado, Ernesto Cordero, como candidato del PAN a la presidencia. Fracasó, ¿cómo olvidarlo? en su intento por adquirir un mayor número de acciones de la petrolera española REPSOL, lo que le permitiría no solo tener voz y voto en el consejo de administración de tal empresa, sino poder incidir en la toma de decisiones de la misma.

No podemos olvidar la reacción virulenta que tal intentona suscitó en el ánimo de los nacionalistas españoles, azuzados en buena medida por los artículos racistas de una parte de la prensa ibérica derechista y ante lo cual PEMEX tuvo que dar marcha atrás. Pero el señor Calderón Hinojosa insiste en querer rescatar a España de la grave crisis económica por la que atraviesa desde hace ya varios años; si bien nunca ha dicho en qué consistiría el rescate que tiene planeado, ni cuánto nos costaría a los mexicanos, ni que es lo que nuestro país va a recibir a cambio. El incomprensible amor que nuestro presidente siente por España es más que sospechoso. Si los mexicas decían de Moctezuma II, que se había convertido en la mujer de Cortés, quizás Felipe Calderón podría ser considerado la meretriz de Mariano Rajoy. En sus afanes malinchistas, no ha reparado en que su gobierno fracasó en todos los órdenes de importancia para la vida nacional, lo que nos lleva a una conclusión que puede parecernos un tanto simplista, pero cierta, porque estamos hablando, en términos de crecimiento y modernización, de un sexenio perdido. Sin embargo, el señor presidente no se ha cansado de echarse porras a sí mismo, ponderando logros que solamente él ve. Algo en lo que en verdad resultó todo un experto. Cada día, en cada oportunidad, nos ha recalcado, una y otra vez, que las acciones de su gobierno son… "Para que vivas mejor" ¿Te cae?

# CAPITULO V

---○---

# AMORCITO AZUCARADO
## (THE RUBETTES)

El 28 de marzo de 2011, en el poblado de Temixco, en el estado de Morelos, fue encontrado el cuerpo sin vida, del hijo del periodista y poeta Javier Sicilia, junto con otros seis jóvenes, dentro de un automóvil compacto. Algunos medios de información reportaron que presentaban huellas de tortura; otros dicen que no. Lo cierto es que todos ellos estaban atados con cinta canela de muñecas, tobillos y cara. El escándalo no se hizo esperar, por tratarse de quien se trataba. Como una onda expansiva, los acontecimientos se sucedieron unos a otros a una velocidad vertiginosa. Marchas, plantones, mítines a las afueras del palacio de gobierno, exigiéndole al gobernador que se apresurara a esclarecer los hechos. Buena parte de la comunidad intelectual y artística expresó su apoyo al escritor y se sumó a sus demandas... Y, sí; para como la autoridad nos tiene acostumbrados a actuar, en un tiempo casi record, los asesinos fueron capturados en diferentes lugares y puestos a disposición de la justicia. Ya encarrerado, el poeta insumiso se dio a la tarea de organizar un movimiento social, que reivindicara a las víctimas del crimen organizado y a sus familiares: "El movimiento por la paz, con justicia y dignidad". Exactamente igual que lo hicieron otros personajes del mismo nivel socio-económico antes que él y que habían permanecido más o menos invisibles al escrutinio público, hasta que fueron alcanzados por el rayo devastador de la fatalidad.

Escritor de artículos escasamente interesantes para la revista PROCESO, una frase mexicana de uso común se volvió repentinamente celebre gracias a un escrito suyo: "Estamos hasta la madre". La rabia guiaba su pluma y le proporcionó una repentina notoriedad que supo aprovechar en beneficio de su movimiento. Muy pronto logró sentar a Felipe Calderón, en el alcázar del Castillo de Chapultepec, en una mesa de diálogo-reclamo por las consecuencias terribles de la guerra contra el crimen organizado, que, para esas alturas, el gobierno había cambiado de denominación. Consiguió, merced a la vehemencia de su oratoria, que el presidente de la República les pidiera perdón a los muertos y a sus familiares acongojados; pero no logró que el primer mandatario cambiara su postura respecto a su táctica guerrera y menos aún, que reconociera que la descomunal cantidad de muertos fueran el resultado de las acciones inconexas y mal ejecutadas de los encargados de la seguridad nacional. Al empezar las campañas políticas de los partidos y sus candidatos a la presidencia, Javier Sicilia convocó a la ciudadanía a ejercer su voto en blanco, como muestra de repudio ante la evidente descomposición del tejido social y de rechazo a los escandalosos signos de corrupción e indiferencia con la que se conducían los políticos mexicanos. En busca de un estado idílico bautizó el proceso electoral en marcha, como las elecciones de la ignominia y no paró ahí. Igual que había conseguido sentar a Felipe Calderón para que escuchara sus reclamos (a todas luces justos, hay que decirlo). A finales de mayo de 2012, logró sentar, también, a los cuatro candidatos de la justa electoral. A todos los recibió con un beso en la mejilla, algo que para entonces se había vuelto práctica común en él. Bueno, a casi todos. López Obrador se negó rotundamente a que le babearan los cachetes y tal vez ese fue uno de sus peores errores, porque al empezar su comparecencia, el señor Sicilia se le fue al cuello con todo el peso de su rencor acumulado. Lo acuso de soberbio, arbitrario, mezquino y de todos los males que aquejan a las fuerzas de izquierda, principalmente el PRD, como si el candidato fuera el directo responsable de tal situación; como si López Obrador, por si solo, los hubiera escogido uno por uno y les hubiera dado el visto bueno para sus trapacerías. Le reprochó que al interior de ese partido hubiera fascistas, acomodaticios y aprovechados: Le llamó prepotente, intransigente, autoritario; en fin, todos los adjetivos denigrantes que llevaba en su morral semántico, más los que se le ocurrieron en el momento de su denostación. Para coronar su daga, le cedió la palabra a la madre de un muchacho desparecido o asesinado por el crimen organizado que le echó en cara, al Peje, con un dramatismo sobrecogedor, su manifiesta insensibilidad, al no referirse, en ninguno de sus mítines de proselitismo, a la tragedia que estaba viviendo el país: Con lágrimas en los ojos y la voz entrecortada le preguntó, entre otras cosas ¿qué sentiría si le mataran a un hijo como a ella?

López Obrador estaba estupefacto y encabronado y cuando le tocó responder, lo hizo en un tono ríspido y enérgico intentando desmarcarse de los demás candidatos. Dijo que Sicilia no lo podía meter en el mismo saco que a los otros políticos y que el llamado del escritor al voto en blanco, solo beneficiaba al régimen y al PRI. Pero el rejón estaba clavado y así lo entendimos todos los que vimos el desencuentro por la televisión. La saña con la que Javier Sicilia interpeló a su invitado, nos pareció a muchos observadores, no solo fuera de toda proporción, sino cargada de mala leche desde el principio. Y nos preguntamos… ¿Acaso el dolor lo justifica todo? Las decenas de personas que han acompañado a éste hombre desde el principio de su desgracia ¿han obtenido alguna resolución de sus casos, cada una de manera particular? ¿Recibieron o han recibido el mismo trato deferente por parte de las autoridades? ¿La policía le ha comunicado a cada una de ellas que los asesinos de sus seres queridos han sido atrapados y están tras las rejas? ¿Han recibido otra cosa que promesas y apapachos por parte del poeta? éste se ha preocupado verdaderamente y ha presionado para que se esclarezca cada uno de los crímenes cometidos en contra de los allegados de sus seguidores?... ¡NO! No movió un solo dedo cuando asesinaron de un balazo en la cabeza a la señora Maricela Escobedo, en el mes de diciembre, frente al palacio de gobierno de Chihuahua, a la vista de todos, después de que el asesino la correteara hasta el otro lado de la acera y que sola y desprotegida se había dado a la tarea de investigar el crimen y señalar al asesino de su hija, hostigando a las autoridades de ese estado para que actuaran con prontitud, en lugar de estarse haciendo bueyes.

Tampoco promovió plantones ni se mostró igual de enérgico como lo hizo con su caso particular, cuando el señor Nepomuceno Moreno Núñez, que lo acompañaba en sus marchas porque creía firmemente en él, fue ultimado de mala manera en una colonia popular, a las afueras de Hermosillo. El señor Javier Sicilia habla muy bonito y escribe muy bonito también, con palabras elegantes y frases rimbombantes, que pueden apantallar a los despistados y a las personas de buena fe, pero en el fondo, es un fiasco, un verdadero simulador. Después del primero de julio, no volvió a decir "ésta boca es mía", respecto de los resultados de la elección; en vez de eso, enfiló su caravana hacia el norte, a los Estados Unidos, en donde fue recibido con un gran desdén por parte de los gobernantes de los estados que visitó y de la inmensa mayoría de la población que ni siquiera se preocupó por preguntar quién era ese hombre vestido con pantalones de mezclilla, chaqueta y sombrero de cazador como si anduviera en un safari por las sabanas africanas. Sin embargo, algunos de los escasos concurrentes a sus mítines en aquel país, intentaron elevarlo a la categoría de un prohombre, sin conseguirlo. Al llegar al final de su destino, Sicilia se quejó amargamente de que nadie lo hubiera pelado, ¿qué esperaba, que lo recibieran con bombos y platillos, le tendieran largas y afelpadas alfombras por donde iba a pasar, lo enfocaran millares de cámaras fotográficas y de televisión y le hicieran entrevistas en todos los medios informativos de aquel país? Con esos tristes resultados, cualquier persona sensata hubiera comprendido que no es lo mismo mirar los toros desde la barrera que lanzarse al ruedo. No es lo mismo criticar y denostar, que verse inmerso en un mar de incomprensión y desinterés; menos aún de aquellos que se supone son los más directamente afectados por los estragos de la drogadicción. Por lo triste de éstos resultados, podría parecer que un espíritu morboso se apodera de nuestros corazones y nos impele al desastre, pero visto objetivamente, hay una enseñanza clara en éste affaire, que nos demuestra nítidamente el porqué de los fracasos recurrentes de nuestra historia: Hidalgo, Morelos, Mina, Vicente Guerrero, Guadalupe Victoria, Emiliano Zapata y Pancho Villa, eran soñadores. No eran políticos en la más pura acepción de la palabra. Querían cambiar el estado de cosas que nos lastimaban y nos han lastimado siempre, pero no querían el poder, tal vez, porque no hubieran sabido que hacer con él. Miguel Hidalgo se retiró con sus tropas a las puertas de la capital. Francisco Villa y Emiliano Zapata se sentaron en la silla presidencial, solamente para tomarse la foto y después regresaron a la seguridad de los territorios que controlaban; Cuauhtémoc Cárdenas no quiso ir más allá, en 1988, a pesar de las abrumadoras evidencias del fraude monumental con el que le birlaron la presidencia. Javier Sicilia creó un movimiento que despertó grandes expectativas en el grueso de la población y después no supo qué hacer con él, más que exponerlo al desaire con nuestro vecino del norte. Por eso Julián Lebarón primero y Emilio Álvarez de Icaza después, lo abandonaron, si bien, la deserción del señor De Icaza fue por motivos personales y el abandono de Lebarón ocurrió antes de la desastrada marcha a los Estados Unidos. Grandes personajes de la historia han luchado denonadamente para alcanzar el poder y así cambiar la situación de sus respectivos pueblos. Nelson Mandela, en Sudáfrica; Mahatma Gandhi en la India, Napoleón Bonaparte en Francia, Vladimir Ilych Lenin, en Rusia, por citar a unos cuantos. Nuestros notables personajes históricos quieren y proponen grandes cambios; reúnen y azuzan multitudes, lanzan proclamas y diatribas, pero pretenden que sean otros los que lleven a cabo sus planes, mientras ellos se sientan cómodamente en sus poltronas a esperar que los cambios se den. Javier Sicilia ha llamado a su movimiento "Por la paz, con justicia y dignidad" ¿Qué significa eso? ¿La paz, con quien? ¿Cuándo? ¿Cómo? ¿En cuánto tiempo? ¿Quién o quienes la deben ejecutar? ¿En qué términos?... Le tenemos noticias al señor Sicilia, ¡todos queremos la paz! Pero la paz no es un símbolo representado por una paloma blanca, con las alas extendidas, ni es un espíritu encerrado en una botella de cristal esperando a ser llamado para aparecerse como por arte de magia. La paz no es un ente que se materializa con solo desearlo.

La paz se busca y se instrumenta y después se le vigila para que nadie intente torcerla. Con su equivocado activismo político, llamando a que la gente votara en blanco en las pasadas elecciones, con el escarnio público del que hizo objeto al candidato de las izquierdas, el señor Sicilia contribuyó a que un personaje fraudulento llamado Enrique Peña Nieto se alzara con el poder, aunque, en el fondo, tal vez eso era lo que pretendía; ahora, solamente nos queda sufrir las consecuencias de tan atroz decisión. Javier Sicilia es jesuita, conoce muy bien los textos bíblicos; sabe, por lo tanto, que existió un personaje que primero besaba en la mejilla y después traicionaba sin pudor... Se llamaba Judas Iscariote. Tal vez sea tiempo de agregar un nuevo nombre a la lista.

# CAPITULO VI

○

# EL SHOW DEBE CONTINUAR
## (TREE DOG NIGHT)

¡Audiencia pública; el tremendo juez, de la tremenda corte, va a resolver un treeemendo caso! (Aplausos... más aplausos, por favor... ¡gracias!).

-Buenas noches, secretario.

-Buenas noches, señor juez; ¿cómo se encuentra usted hoy?

-Mal, figúrese que me despertaron abruptamente, hoy por la mañana y no pude terminar como debía mi reparador sueño trianual.

-Increíble, señor juez. Que poca consideración tienen con el poder judicial en éste país.

-¡Y que lo diga! Por culpa de la desmañanada no he podido ni comer adecuadamente.

-Eso si ya es el colmo, su señoría, sobre todo, conociendo la manera como usted acostumbra empacar...

-¿Qué-que? ¡Póngase cincuenta pesos de multa por decirle tragón a su jefe!

-Pero, óigame, señor juez, yo lo único que quise decir es que usted tiene buen apetito.

-Ah, sí, pues a ver si con eso se le quitan las ganas de andar diciendo nada en horas de trabajo y ya no me quite más el tiempo y dígame ¿Qué caso tenemos para hoy?

-Poca cosa señoría, unos revoltosos que dicen que les robaron una elección.

-Pues entonces llame a los implicados en ese "revolticidio".

-Je, je-je.

-Pero, venga acá, secretario… ¿puede saberse de que se ríe usted?

-De nada chico, nomás me dio una poquitica de risa el nombrecico ese, que nunca lo había oído.

-Pues póngase otros cincuenta pesos de multa, por reírse de la nomenclatura jurisprudencial.

-Pero, oye, mi socio, que tú me vas a dejar en la calle con tanta multa.

-¡Ningún socio de nada, usté tiene que aprender a respetar a la autoridad!

-Está bien, nomás no te cabrees de ese modo, compadre.

-¡Yo no soy su compadre de nada ni nada… ¿me entiende?!

-Está bien señor juez, ya entendí, ya entendí.

-¡Pues entonces, váyame llamando a la gente implicada en ese asunto, que me quiero retirar temprano a mi casa para seguir durmiendo.

-Con mucho gusto, su señoría… ¡Rudecindo-copetes y Pri-escobillas!... -¡Presente! (aplausos).

-¡Luz María Chepina Nananina!... -¡Aquí como todos los días! (siguen los aplausos).

-¡José Candelario Peje-patínes!... -¡A la reja! (muy pocos aplausos).

-Vamos a ver… ¿Qué clase de enredo se traen ustedes ahora?

-Nada, señor juez, que aquí el tal Peje-patínes no sabe perder, siempre anda buscando jaleo por cualquier cosa y nada más la gente de bien le gustamos para cometer sus tropelías.

-Y bien que si, compadre. Figúrese usté que yo gané en las pasadas elecciones y ahora este siñor anda diciendo que me las robé y que quiere un reembolso por los gastos que hizo y pues como que yo no tengo porqué pagarle nada, su señoría… ¡pbrr!

-¡Ajá, con que esas tenemos! Pero venga acá, Peje-patínes, ¿no le da vergüenza andar haciendo el ridículo?

-Qué me va a dar vergüenza de nada, chico, si éste tramposo de Rudecindo-copetes nos quiere llevar al baile a todos nosotros.

-A mi no me meta en sus enredos y antes de empezar con el interrogatorio, les quiero aclarar a todos, fíjense bien, ¡a todos! Que en este sacrosanto recinto judicial, nadie va a ganar en la papeleta, lo que no supo ganar en las urnas… ¿Les quedó claro?

-Clarísimo, señor juez; si yo siempre he dicho que no hay mejor luz que nos ilumine, que la luz que irradian nuestras sacrosantas instituciones.

-¡Bien dicho, Chepina-Nananina, y olé!

-¿Cómo que bien dicho ni nada, Rudecindo, si usté es un tramposo de primera y me quiere ganar a la mala? Óyeme, compadre, que yo te pido, te "sulpico", que mandes a la loma a este baturro gandul y tires la llave por ahí.

-No se dice "sulpico", Peje-patínes; se dice te suplico.

-¿Tú también me sulpicas a mi? Entonces, vámonos poniendo de acuerdo, para que sea más dura la pena, o como quien dice ejemplarr

-Yo no le suplico ninguna cosa, le estoy diciendo como se dice lo que usté acaba de decir.

-¡Ah! ¿y cómo se dice?

-Suplico, ¿me entendió? Su-pli-co. Vamos a ver, repita conmigo: Su...

-Suu

Pli...

-Pliii

Co...

-Cooo!


-¿Me entendió?

-Claro que si, chico, más claro ni el agua de Iztapalupe.

-Iztapalupe... ¿Cuál Iztapalupe?

-Cual va a ser, muchacho, la zona del oriente del Distrito Federal, esa que está por allá como para ir a Puebla ¿no la conoces tú?

-¡No! Y como que ya me está cansando ese jueguito suyo de enredar las cosas para tratar de salirse siempre con la suya y como siga con sus embustes el que se va a ir a la loma es usted ¿me entendió?

-Está bien, chico, cálmate, está bien.

-¡Y no me ande diciendo chico que yo no soy chico de nada, yo soy aquí la autoridad y usté me tiene que respetar!... ¿me está entendiendo?

-Sí, pues, señor juez, ya entendí.

-Y dígame, Chepina-Nananina, si Peje-patínes es el acusador y Rudecindo-copetes el acusado ¿en calidad de qué está usted aquí?

-De testiga de calidad, señor juez, porque soy una demócrata consumada y me molestan los insidiosos como el tal Peje-patínes.

-¿Entonces, usted apoya a Rudecindo-copetes?

-Tampoco, señor juez, lo que sucede es que yo pienso, que no se puede detener la buena marcha del país con acusaciones que nomás nos distraen y nos quitan el aliento y no es que el encopetado de Rudecindo haya escogido a una actriz para casarse con ella en lugar de a mí, pero creo que el Peje está exagerando.

-¡Eh, eh, eh, ningún exagerando, Nananina, que tengo las pruebas que acreditan ampliamente mi dicho.

-¿Su dicho, Peje-patínes?... Su acusación, querrá decir.

-Eso mero, chico, tengo las pruebas que comprueban ampliamente mi acusación.

-Pero qué pruebas va a tener usté, hombre de Dios, si la elección fue completamente límpida y transparente.

-Ningún transparente, Rudecindo-copetes, que te la pasaste comprando los votos de le gente de una forma escandalosa y abusiva y me perjudiscastes de una manera in-con-men-su-ra-ble

-¡Je! ¿De dónde sacó esa palabrita, Peje-patínes, que no se la conocía?

-Ah, esa es una palabra que utilizamos muy seguido los políticos de altos vuelos.

-Con que de altos vuelos... y, dígame... ¿cómo es que usté se decidió a entrar a la política?

-Nada, chico, que todo ha sido cosa de mi mamita.

-¿De su mamita, dice? Vamos a ver, venga acá ¿cómo... como es que su mamita lo convenció? me interesa mucho escuchar lo que le dijo.

-Pues nada, chico, que un día estaba yo en mi casa, tomando un pequeño descanso...

-¡Un pequeño descanso, cómo no!, si usté nada más se la pasa tumbado en la hamaca, mientras su pobre vieja tiene que tronarse los dedos para darle de comer.

-No digas eso, Chepina-Nananina, que yo siempre he trabajado mucho, lo que sucede es que el oficio de político requiere de mucha me-di-ta-ción ¿me entiendes? Y para poder meditar a gusto y sin sobresaltos me tengo que recostar en la hamaca.

-Bueno, bueno, quedamos en que nos iba a decir cómo fue que su mamita lo convenció de entrar a la política, Peje-patínes.

Pues, nada señor juez, que un día mi mamita me andaba buscando como loca, para que la ayudara a cargar una múcura llena de agua con alka-seltzer, algo pesada, por cierto, cuando de pronto me encontró en el patio de atrás de la casa, tumbado en la hamaca y entonces puso sus manitas en jarras y con esa voz cantarina que ella suele tener, cuando me quiere dar consejos profundos, me dijo…-Pero mira nada más que desfachatez la que tú tienes hijito ¿porqué no mejor te dedicas a la política?

-Y eso fue todo, señor juez… fue como una revelación, como un chispazo que me ilumino el camino que debía seguir y entonces….

-Un momento, Peje-patínes, un momento; nada más acláreme algo, antes… Por pura curiosidad… ¿Dice usted que su mamita lo buscaba para que le ayudara con una múcura llena de agua con alka-seltzer?

-Así es, señor juez, "efeutivamente".

-¿Y qué pensaba hacer su mamita con esa agua?

Ah, eso es muy fácil de explicar, chico, mi mamita de hace algún tiempo para acá, es em-pre-saria y vende coca-cola en los comercios de por la casa: le agrega un poquito de azúcar, un poquito de colorante negro para teñir la ropa y luego lo embotella, pero lo mejor de todo, chico, lo que mejor lo sale, son las etiquetas.

-Así que las etiquetas.

-¡Claro, chico! ¿cómo tú piensas que la gente va a comprar coca-cola, si las botellas no llevan la etiqueta?

-A ver, secretario, mándeme inmediatamente una comisión que investigue las actividades de la mamita de Peje-patínes en los últimos tres meses.

-No te pongas así, chico, que mi mamita siempre se ha ganado la vida de manera honrada y con esa investigación la vas a pasar a perjudicar.

-No me interesa lo que usté diga, quiero cerciorarme de que su mamita no está envenenando a la gente con su producto. Proceda usted, secretario.

-En seguida, señor juez.

-Me estaba contando cómo fue que logró la candidatura, Peje-patínes...

-¡Oh, eso fue muy fácil, caballero! Un vecino mío, que acostumbra trabajar por los alrededores del comité electoral, me dio la dirección.

-No quiero preguntarle a que se dedica su vecino, porque no quiero seguir haciendo corajes, sin embargo, le garantizo que una vez concluido nuestro asunto, también a él lo voy a mandar investigar... Entonces... ¿cómo fue que logró la candidatura?

-Pues nada, mi socio, que una vez que encontré el edificio electoral... entré, me dirigí donde el presidente y le dije: Óigame, yo quiero ser presidente de éste país.

-¿Así que eso fue todo? ¿usté nomás entró, sin más ni más y le dijo al presidente del comité electoral... Yo quiero ser presidente de éste país y le dio la nominación?

-No, chico, ¡qué va! no fue tan fácil. El presidente electoral me escuchó, se me quedó viendo un rato, como catándome y luego me dijo... "Eso le va a costar bastante".

-Entonces, yo también me le quedé mirando y le pregunté... ¿Cuánto?

-¡Pero, cómo!... ¿usté se atrevió a preguntarle al presidente de elecciones cuánto le iba a costar su candidatura?

-¡Claro que si, chico! si no ¿cómo tú piensas que iba a conseguirla?

-¿Y el presidente que le respondió?

-¡Nada, señor juez, que el muy voluble se desdijo y mandó ponerme de patitas en la calle.

-Me alegro, y quiero decirle que el presidente de elecciones es mi amigo y que siempre ha sido un hombre de conducta intachable… Pero dígame, Peje-patínes, si como usted dice, lo corrieron del comité electoral ¿cómo es que anduvo entonces en campaña?

-Porque… ¿qué me preguntaste?

-¡Que como es que anduvo en campaña si no tiene registro electoral?

-Bueno, pues es que… ¿cómo me dijiste?

-No sé por qué, pero tengo la ligera sospecha de que su campaña no fue del todo legal.

-No, no, no, chico, quítale lo del todo y deja lo demás.

-¿Usted reconoce que actuó al margen de la ley?

-Claro que no, chico, ¿Cómo puedes pensar eso de mí? Tengo el apoyo irrrestricto de las mayorías.

Y, bien, eso ya lo veremos, primero, vamos a continuar con éste asunto que ya me está provocando una terrible jaqueca: dígame, Peje-patínes ¿Dice que tiene usté pruebas que acrediten su acusación en contra de Rudecindo copetes?

-Así es, mi estimado y sabio jurisconsulto.

-Je, secretario; póngale cien pesos de multa al Peje-patínes, por pretender corromper a la autoridad con halagos mal intencionados.

-¡En caridad de Dios, dotor, este juicio se está prolongando innecesariamente y a mí me urge que me des el carnet que me acredita como presidente "eleto".

-No se preocupe, Rudecindo-copetes, que para allá vamos… Chepina-Nananina; ¿no tiene usted nada que agregar en éste asunto?

-Nada, su señoría, es verdad que el copetón abusó un poco del dinero; ordenó que sustrajeran fondos del erario de algunas poblaciones y se puso de acuerdo con varias compañías de radiodifusión para que multiplicaran su imagen por todos lados y enaltecieran sus logros en su gestión como gobernador de la provincia de Guanabacoa, pero yo considero que no es nada del otro mundo, sobre todo, porque prometió que va a regresar todo lo que le prestaron para su campaña.

-Bien, y usted, Peje-patínes… ¿qué otras pruebas tiene?

-Muchas, señor juez, muchísimas: Tengo aquí documentos y tarjetitas que acreditan que el tal Rudecindo, trianguló fuertes cantidades de dinero de manera ilícita, para que la gente votara por él, a cambio de despensas y efectivo, abusando impúdicamente de la "indiosincracia" del pueblo.

Además, si tu quieres comprobar mi dicho, lo único que tienes que hacer, es asomarte tantito por la ventana y ya tú verás como todas las guaguas de la "suidad" están atestadas con la imagen de éste discípulo del chupacabras.

-¡Eh, eh, eh, cuidado con lo que dice compadre, que no le quiero entrar a tortazos delante del señor juez.

-¡Aquí nadie le va a entrar a tortazos a nadie, Rudecindo copetes, así que compórtese o le voy a imponer una multa ejemplar, ¿me entendió?

-Muchísimas gracias, dotor, ¡brrr!

-Ya yo vi lo de las tarjetitas y lo de la propaganda en algunos vehículos, Peje-patínes, pero usted no tiene la declaración juramentada de los implicados en todo este asunto ¿verdad? No tiene sus confesiones notariadas y firmadas ni nada que acredite cabalmente su acusación.

-¿Cómo las voy a tener, chico, si eso le corresponde a la autoridad investigarlo?

-A mí no me diga lo que la autoridad tiene o no tiene que hacer y para que vea que esto no se trata de ningún jueguito, de esos que usté acostumbra inventar para pasar el rato, le voy a decir lo que pienso de éste asunto: Escriba ahí, secretario...

-¡Venga la sentencia!

-"Usted me lanza un envite
Que no quiero compartir
Y si acaso en el mentir
Es usté una maravilla,
Yo lo condeno a vivir
Seis años más sin la silla"

# CAPITULO VII

---○---

# TOCANDO LAS PUERTAS DEL CIELO
## (GUNS AND ROSES)

Andrés Manuel López Obrador decidió, sabiamente, esperar al resultado de las pesquisas y conclusiones a los que deberían llegar, tanto el IFE, como el Tribunal electoral y llamó a sus seguidores a la calma y la compostura, dándole a nuestras instituciones la oportunidad de reivindicar con su fallo, la declaratoria de nulidad de las elecciones, vista la enorme carga de las pruebas que acreditaban, sin ninguna duda, la magnitud de la maquinaria fraudulenta que el PRI había echado a andar para ganar los comicios. Esto, a pesar de la grosera advertencia del presidente del Tribunal Electoral, de que nadie esperara ganar en la mesa, lo que no había podido ganar en las urnas, ¡pácatelas!

Con esa decisión, nuestro candidato le daba un mentís rotundo a sus detractores y los que apostaban por el caos magnificado de seis años atrás, incluido Ciro Gómez Leyva. Poco a poco, las pruebas irrefutables del mega-fraude se acumulaban sobre los escritorios de los consejeros del Instituto electoral y de los magistrados del TRIEFE, Incluso el Partido Acción Nacional se vio muy activo, aportando sus propias evidencias. Ricardo Monreal, coordinador de la campaña del Peje, se multiplicaba a sí mismo ante la carga de responsabilidades que se le había venido encima: Iba de un lado a otro, concedía entrevistas, ponderaba posibles escenarios, cubría con documentos, las rendijas legales por las que las autoridades electorales pudieran escabullirse con un fallo adverso, a la demanda de nulidad de las elecciones interpuesta por la coalición de las izquierdas. Había que esperar... y esperamos... La revista PROCESO, el diario Reforma y Carmen Aristegui, se dieron a la tarea de investigar las triangulaciones de dinero llevadas a cabo por personeros del PRI: investigaron fechas, nombres, domicilios, cantidades. El cochinero era más que evidente, escandaloso; mientras más escarbaban, más lodo salía: mientras más hilos encontraban, más enredada resultaba la madeja. Tratando de justificar su negligencia, el Instituto Federal Electoral, implementó una campaña publicitaria para pregonar a los cuatro vientos, que éstas habían sido las elecciones más tranquilas, limpias y transparentes de nuestra historia, que no había ningún incidente sangriento que lamentar; no había habido relleno de urnas, ni robo de las mismas, ni acarreo masivo de votantes para sufragar por un partido determinado, todo había sido blanco, como sus conciencias y los observadores, tanto nacionales como extranjeros así lo debían entender. Cierto, todo eso era verdad, porque en ésta ocasión, la liebre saltó por otro lado. El nuevo PRI se estrenaba con novedosos métodos para defraudar, que implicaban no solamente a la gente común, sino a instituciones bancarias, tiendas de autoservicio y empresas fantasma creadas ex profeso para el manejo de cantidades estratosféricas de dinero sin dejar rastro alguno. La empresa SORIANA reportó en agosto de 2012, un mes después de las elecciones, ganancias superiores a los dos mil millones de pesos, Si bien, no se molestó en aclarar de donde provenían esas ganancias milagrosas, ni las autoridades se interesaron en investigar su origen. ¡Ah, qué país el nuestro! Pero no fue solamente el reparto de tarjetas, ni la triangulación de dinero, ni la entrega de despensas y souvenirs lo que contribuyó al desfalco nacional, sino la fastuosidad insultante del señor Peña Nieto y su corte de lambiscones recorriendo el territorio nacional en un viaje de placer. Fue la renta onerosa y sin control de helicópteros, jets privados y vehículos para el traslado de las comitivas priistas a todos lados; el dispendio en "gastos de representación", el alquiler de pisos enteros en hoteles de lujo, como si en lugar de un candidato a la presidencia se tratara del recorrido de un rajá por sus dominios. Mientras, el PAN titubeaba dando bandazos aquí y allá, en la cuestión de ir juntos con la coalición de las izquierdas en el asunto de la demanda para esclarecer y limpiar las elecciones. Ahora decía que si, al rato, que prefería esperar para ver la evolución de los acontecimientos, más tarde, sus jerarcas afirmaban que no tenían compromisos con nadie y luego salían con que siempre sí, que acompañarían al movimiento progresista que buscaba la anulación del proceso electoral. Pero el PAN es un partido voluble; siempre lo fue. En 1968, cuando era estudiante de secundaria, la ciudadanía decía de ese partido que era un palero del PRI, que le seguía el juego electoral al partidazo, para que el mundo creyera que el nuestro, era un sistema democrático. A cambio, el gobierno no se metía para nada con ellos. No representaban ningún peligro para el sistema. También sabíamos que el blanquiazul era un partido de mochos y ricachones jugando a la política. Cuando en 2000, el voto útil les hizo el milagro de ganar la presidencia, no supieron que hacer con ella y permitieron que el PRI los chantajeara y se hiciera con el control del congreso a pesar de no tener ya la mayoría absoluta, con lo que siguió manteniendo el poder, sin necesidad de estar en Los Pinos. Como excusa, los panistas afirmaban que eran muchas cosas las que tenían en común con los tricolores... Eran el PRIAN, en la acertada definición de López Obrador.

Que Acción Nacional es un partido de timoratos y conformistas, quedó demostrado con la actitud que asumieron frente a la traición explícita de Vicente Fox, que sin ningún asomo de vergüenza, llamó a la ciudadanía a votar por el candidato del PRI, haciendo proselitismo descarado a favor de un partido rival. No lo llamaron a cuentas, no le hicieron ningún extrañamiento, no lo expulsaron inmediatamente de su partido. Indecisos, inseguros como son, prefirieron que las aguas se calmaran apostando por el olvido de su militancia de tan despreciable conducta.

Pero el PRI no se quedó con los brazos cruzados, no iban a permitir que les arrebataran el triunfo por nimiedades como la compra de votos o el exceso en los gastos de campaña. A contrapelo de las demandas jurídicas del Movimiento progresista y del PAN, el tricolor también acudió a los tribunales para acusar a MORENA y a López Obrador de haber manejado dinero recaudado ilícitamente para su propia campaña. Exigió, ante las autoridades y los medios de comunicación, que el Peje aclarara cómo había subsidiado su larga campaña de seis años por el interior del país, sin rendirle cuentas a nadie. Haciendo un conteo mañoso de ciertas cantidades recibidas, la multiplicaron por 12 y luego por 6, (los meses de un año y los seis años de su periplo) para obtener una cifra estratosférica que dieron como válida sin ninguna comprobación. Pero eso no importaba; lo importante, era la calumnia per-se, exhibir a su contrincante como un hombre con doble moral, (el león, piensa que todos son de su condición) afecto a las mismas vilezas y engaños de los que acusaba a sus oponentes. Atrapados en la inercia de su megalomanía, los priistas siempre va un poco más allá; tantito para "calarle el agua a los camotes" en la opinión pública, tantito para tener un plan de contingencia si las cosas se complican. Igual que la fábula del alacrán, está en su naturaleza y no lo pueden evitar: Ahora sus voceros, con caras adustas como si estuvieran empachados, ante las cámaras y micrófonos de los medios de comunicación, nos han hecho saber que en esta contienda nadie perdió y que, gracias a sus trapacerías, gana la democracia, por lo cual debemos estar agradecidos. En su porfiriana visión de nuestro entorno social, persisten en la creencia de que los mexicanos seguimos siendo menores de edad. "-Eres un niño, Fulgor" (Pedro Páramo, a su administrador y sicario: Juan Rulfo-1955). Después de la guerra electoral, la guerra jurídica se presentaba igual de sucia y descarnada. La lentitud con la que el IFE analizaba las pruebas que le allegaban los partidos, el laconismo cómplice con el que se conducían los magistrados del TRIFE, los interesados y parciales comentarios de los conductores de los noticiarios de televisión, nos proporcionaban una idea más o menos clara de adonde se dirigía el resultado de la faramalla jurídica. Ni la pública exhibición de cientos de tarjetas de banca Monex y tiendas Soriana, recuperadas con atingencia por los partidos de oposición, ni las declaraciones de personas afectadas y defraudadas por el PRI, que les había prometido un pago por sus servicios de convencimiento y reparto de prebendas, a las que dejó colgadas de la brocha, ni la demostración de material propagandístico de todo tipo en cantidades y objetos sorprendentes, fueron suficientes para que los magistrados cambiaran su postura o su opinión respecto del desarrollo electoral. Mientras más tiempo pasaba, más nos acuciaba la certeza de que las autoridades electorales estaban preparando su daga. No nos hemos referido a la actuación de la FEPADE, porque, en los hechos, ésta oficina recabadora de quejas es un cero a la izquierda, creada para taparle el ojo al macho y nada más. Cualquier intento de obligarla a cumplir con sus obligaciones es tiempo perdido, para variar.

El 30 de agosto se confirmaron nuestros temores: el pleno de ministros (7) de la sala superior del TEPJF, decidió quitarse la máscara y mostrar su rostro peña-nietista. No había rasgos de rubor en ninguno de ellos por el extraño parecido. Todos los argumentos del movimiento progresista y del PAN fueron desechados por inconsistentes; 542 casillas, de las 80 mil impugnadas originalmente, fueron declaradas nulas al detectarse en ellas alguna clase de irregularidad. Después de un "patriótico, serio y profesional análisis de las evidencias aportadas por los quejosos", los señores ministros habían llegado a la conclusión de que no existían bases para que la hiciéramos de tos: Enrique Peña Nieto era el ganador de la contienda electoral y a otra cosa.

No hay un solo analista serio en México, un solo politólogo objetivo e imparcial, una sola persona sensata, medianamente informada de la infamia cometida, que no se pitorrearan del mamotreto pergeñado por los ministros. Casi de inmediato, surgieron voces clamando a los cuatro vientos porque se

reformaran las reglas del juego, tanto del IFE como del TEPJF
para fortalecer jurídicamente a esas sacrosantas instituciones
volviéndolas invulnerables al ataque de los depredadores que
las habitan, pero eso es, pensamos nosotros, seguirle haciendo el
juego a los mismos gandallas de siempre. Si alguna enseñanza nos
ha dejado la eterna lucha de los pueblos contra la injusticia, es la
siguiente: "No hay instituciones débiles, sino hombres débiles".
Por modesta que sea, una institución de cualquier índole puede
muy bien resistir los embates de la estulticia, si está dirigida por
hombres de carácter, dispuestos a seguir y defender los preceptos
con que dicha institución debe regirse. Por el contrario, una
institución aparentemente fuerte, siempre podrá estar expuesta
a que sus cimientos sean socavados, por la incapacidad de
funcionarios inescrupulosos, más interesados en quedar bien con
los hombres del poder, que en seguir los códigos de ética que
su función les demanda: Hombres siempre dispuestos a claudicar
de sus convicciones por prebendas o dinero. En éste caso en
particular, no fue la resolución de los magistrados, por sí misma,
la que concitó nuestro asombro primero y nuestra indignación
después, sino el grado de cinismo y el ofensivo sarcasmo con
los que fue presentada a la opinión pública. Para variar, muchos
opinólogos (aún de los mismos partidos impugnadores de
la elección) dijeron que ya chole con el argüende; que había
que voltear la página en beneficio de nuestro país, para seguir
adelante en la búsqueda de nuestro luminoso futuro. Que total,
ya ni modo. Con ésta lógica perversa, los timoratos y pusilánimes
representantes más conspicuos del movimiento progresista,
principalmente el PRD, decidieron tomarse la foto con el
flamante presidente electo.

Por su parte, AMLO hacía pública su renuncia al PRD y su
decisión de convertir a MORENA (Movimiento de Regeneración
Nacional), en un nuevo partido político. Mientras, el recién
ungido aprovechaba para irse de luna de miel con su apocada
e imperceptible mujer: primero a Sudamérica y en seguida a
Europa; todo con cargo al erario, por supuesto. ("Ni modo que

yo lo pague con mi dinero, si para algo gané las elecciones"). Los integrantes del Tribunal electoral ni siquiera se inmutaron ante la avalancha de críticas y duros cuestionamientos hechos por expertos constitucionalistas y estudiosos de la cosa legal. En nuestro reducido grupo de amigos, tenemos la firme convicción de que éstos sinvergüenzas disfrazados de ministros, deben ser llevados a juicio por un motivo menos pueril, que una declaratoria balín de validez electoral. Deben ser enjuiciados por el delito de fraude equiparado, pues tienen el atrevimiento de cobrar religiosamente, sueldos escandalosos por un trabajo que no desempeñan. Como en ninguna otra ocasión, ellos tuvieron la oportunidad de revestir de dignidad magnífica las salas del Tribunal electoral. De haberlo querido, pudieron haber pasado a la historia como un referente inobjetable en la aplicación de la ley y del estado de derecho en los procesos electorales futuros: Con un poquito nada más, de verdadero respeto por la ley y por su profesión, pudieron haberse constituido ejemplo perenne en la impartición de justicia sin adjetivos, pero sobre todo, de habérselo propuesto, hubieran sentado un precedente ejemplar en la correcta aplicación de los preceptos constitucionales que alguna vez juraron honrar y defender. En vez de eso, prefirieron ser enanos de carpa, acurrucados en el pequeño nicho de su mediocridad. Por lo visto, parece ser que en su ánimo pudo más el genoma lacayuno de su ascendencia, que el espíritu de grandeza con que pudieron haberse revestido. Las consecuencias de tan desaseada muestra de sumisión, ¿quién se atrevería a negarlo? hicieron posible el retorno de Jurassic Park al poder, con todo lo que eso significa.

Cuando por fin aceptamos que nuestra derrota era definitiva e irreversible, un cúmulo de ideas malsanas nos obnubiló los sentidos. Pensamos que estaba más que justificado tomar las armas y lanzarnos a cazar reptiles; aprender a fabricar explosivos, secuestrar funcionarios venales. Incendiar el país de norte a sur y de este a oeste. Concitar un levantamiento popular sin precedentes en la historia moderna de México, hacernos visibles con nuestras proclamas e invisibles con nuestros actos. En pocas palabras, iniciar una revolución, ésta sí, verdadera y definitiva, que acabara para siempre con la plaga de inútiles helmintos que infestan cada rincón de nuestra atribulada nación: Para rociar por todas partes, un pesticida que erradique de manera permanente a la garrapata Gordillo, para expulsar de sus conchas a los moluscos Beltrónes y Gamboa Patrón, adheridos tanto tiempo a las paredes del congreso, que de su impronta no quedaría más que una mancha amorfa y maloliente. Para juzgar y meter a la cárcel a los raterazos líderes perpetuos de los sindicatos corporativos y quitarles sus riquezas insultantes y mal habidas. Para iniciar la cura impostergable de las múltiples taras, culturales y sociales que nos han mantenido postrados por más de doscientos años. Pero la insistente voz de la razón (y un mucho de cobardía, debemos reconocer) nos hizo comprender, casi al mismo tiempo, que estábamos pretendiendo mancillar la tierra de utopía, con un affaire de desenlace incierto y consecuencias imprevisibles; que nuestra amada patria no se merece más derramamientos de sangre, aunque sea por motivos que consideramos superiores, válidos y necesarios. Menos aún, de sangre inocente, que es la que siempre termina pagando el precio de nuestros devaneos levantiscos. Entonces, solo nos quedaba una cosa por hacer, algo a lo que no estamos muy acostumbrados, seamos honestos... Pensar, analizar; sacar conclusiones. Llegar a veredictos certeros, objetivos e imparciales. En otras palabras, utilizar las herramientas que nuestros refulgentes funcionarios públicos no saben que existen. Muchos podrán echarnos en cara, que no tiene nada de imparcial hablar mal de nuestros presidentes, expresarse socarronamente o en plan de chacoteo de nuestros dirigentes políticos, pero si así fuera la cosa, podríamos contestarles viéndoles a los ojos, que nosotros no tenemos la culpa de que esos palurdos, encaramados en el poder las más de las veces de manera ilegal, sean una sarta de ineptos, abusivos y tramposos y si tantito nos apuran, muchos de ellos viles delincuentes, asesinos con fuero, si bien, asesinos de trasmano, enfundados en sus elegantes trajes de casimir. Al cabo de algunos días de meditación, la primera pregunta de nuestro cuestionario mental, la más importante, se hizo presente con una insistencia abrumadora... ¿Por qué perdimos?

En un principio, pensé escribir una carta con éste título, dirigida a Rafael Rodríguez Castañeda, el director de PROCESO, para comunicarle mi desacuerdo con la resolución del Tribunal electoral, pero después comprendí que sería cosa vana tal intento, entre otras cosas, porque me imaginé que, al igual que yo, cientos de ciudadanos tendrían la misma idea y la redacción de la revista estaría saturada de inconformes queriendo expresarse públicamente acerca del mismo tema. Por otra parte, a medida que el pensamiento tomaba su propio camino, me di cuenta que una simple carta no era suficiente, pues era mucho lo que tenía que analizarse y decirse. Así fue como nació éste escrito, que no tiene otra finalidad que el desahogo. Tal vez algunos compartan mis puntos de vista y lo aprueben. De ser así, podré entonces decir que valió la pena el intento. Como soy de pensamiento restringido, decidí dejar el título tal cual, para no correr el riesgo de caer en anacronismos dictados por la impaciencia o la impericia... Ergo......

> Me preguntas, mi amor ¿por qué perdimos? mientras
> Posas en mis manos tus manos, pálidas y tibias.
> Bien, voy a responderte...
> No perdimos mi bien, porque perdimos;
> Una bola de cabrones nos timaron.

Luego, entonces... ¿Perdimos porque nos hicieron trampa? ¿Por qué ellos tuvieron más dinero que nosotros para repartir? ¿Porque fueron más inteligentes, más hábiles, más cínicos?

¿O fue que, verdaderamente, nos hizo falta tiempo de campaña? ¿Perdimos, porque fuimos repetitivos en nuestras propuestas? ¿Por qué estábamos cansados y el cansancio se nos salía por los ojos y la gente lo notaba a pesar de nuestros esfuerzos por

disimularlo? ¿Perdimos por ineptos, por omisos, por confiados?
¿Acaso pecamos de inocentes al creer que la gente nos seguiría
solamente por el imán de nuestro carisma y era éste un
espejismo que no supimos distinguir? ¿Perdimos, tal vez, porque
no fuimos lo suficientemente convincentes para engatusar...
¡Perdón, perdón, se me chispotió! convencer a la mayoría de la
población de nuestras propuestas? ¿Perdimos porque no somos
lo suficientemente guapos, por qué nos faltó estilo, como si
dijéramos, look? ¿Debimos, tal vez, ensayar una sonrisa entre
sarcástica y burlona al estilo Clark Gable, peinarnos el copete
hacia atrás con medio kilo de gel y guiñar un ojo hacia un
público imaginario? ¿Perdimos porque así lo quiso Dios? Dicho
de otra manera...a lo mejor perdimos, porque fuimos parcos,
pedantes y prepotentes a la hora de enfrentar al poder, creyendo
que nuestra sola presencia era suficiente para cambiar el estatus
quo, sin necesidad de comprometernos verdaderamente con
nada ni con nadie en particular. Comprendo que es muy
difícil aceptar que no supimos comportarnos a la altura de las
circunstancias; que no fuimos todo lo intuitivos, enérgicos e
incisivos que el momento requería, que no fuimos capaces de
allanar el camino para llegar a la mentalidad conservadora y
muchas veces convenenciera de una población enamorada de
su ignorancia, acostumbrada a ver telenovelas y beber coca-cola
como si fuera agua de uso. Debemos aceptar, también, que nos
faltaron generosidad, originalidad y creatividad para lograr que
los indecisos se dieran cuenta que nuestras propuestas no eran
solo buenas intenciones, sino planes de gobierno debidamente
estructurados que serían puestos en práctica de inmediato, una
vez alcanzada la presidencia, sin necesidad de recurrir a promesas
irrealizables por absurdas. Nos faltó colmillo y sensibilidad para
captar el momento histórico por el que el país estaba atravesando.
Para solidarizarnos con los familiares y las víctimas del
holocausto Calderonista; para expresarle nuestro reconocimiento
y apoyo irrestricto a los policías caídos en el cumplimiento de
su deber; a los lesionados. A los marinos y soldados que han
enfrentado al crimen organizado con determinación y coraje,

sin dejar de condenar a los abusivos y torturadores; debimos haberlo hecho, no solo por convicción, emanada desde lo más profundo de un verdadero espíritu humanista, sino para evitar los reproches, los denuestos fuera de toda proporción, de un poeta besucón, llamado Javier Sicilia.

A pesar del enorme esfuerzo que representó recorrer el país varias veces, durante seis interminables años, nos hizo falta demostrar bastante más energía, durante la campaña, para que los votantes se dieran cuenta que no nos íbamos a quedar a la mitad del camino, impávidos y exhaustos. Nos hizo falta astucia, debemos reconocerlo, para concitar el respaldo que creímos verdadero, no solo de las comunidades rurales, sino de las pequeñas ciudades desperdigadas en la geografía nacional y en las cuales se concentra un buen porcentaje de indecisos, porque a muchos habitantes de esas ciudades les vale quién esté a cargo del poder, siempre que los dejen en paz. En nuestra agotadora gira a ras de suelo, la opinión pública no estuvo cabalmente enterada de nuestro trabajo, porque se le dio poco o nulo seguimiento mediático y creímos, sin recelos, que las promesas que nos hicieron los habitantes de los lugares visitados, de apoyarnos con su sufragio, eran para siempre.

Perdimos, puede ser, porque no fuimos lo bastante honestos con nosotros mismos, para reconocer nuestros pasados errores, o porque, reconociéndolos, no supimos expresarlos adecuada, machaconamente, para que la gente supiera que no íbamos a reincidir en ellos. A lo mejor nuestra estrategia nunca fue la correcta y nos preocupamos más por pelearnos con los medios masivos de comunicación en lugar de poner la mira en las necesidades más apremiantes de la gente, olvidándonos que los cargos públicos no se obtienen con promesas, sino con propuestas. En éste sentido, nos comportamos exactamente igual que nuestros oponentes. A lo largo de cien días, nos vimos incapaces para anular los espots de guerra sucia que la oposición suele utilizar en nuestra contra para predisponernos con los votantes. Pasar de la defensiva, en la que siempre nos hemos mantenido, a una ofensiva total y fructífera. Empero, tal parece que el miedo cerval que nos producen las calumnias con las que pretenden desacreditarnos ante la ciudadanía, les ha rendido frutos permanentes, porque ante ataques de ésta naturaleza, que por lo demás se han vuelto tediosos por su recurrencia, nos paralizamos sin saber cómo reaccionar, que actitud asumir, que no comprometa más nuestra maltrecha imagen. En otras palabras, siempre caemos en el juego de los contrarios porque nunca hemos sido capaces de tomar la iniciativa y darles duro y en donde más les duela. Siempre estamos esperando a ver qué opinan de nosotros los señores empresarios, los señores de las televisoras, los señores de nuestra trasnochada intelectualidad, para responder con generalidades obtusas que no dejan nada en claro. Más que del ciudadano común, nos interesa sobre manera escuchar la voz de los clase medieros, como si ellos tuvieran el monopolio de la certeza y la sabiduría populares. Debemos reconocer que nunca hemos sido proactivos, sino reactivos; que aguardamos, en una postura de falsa tolerancia, a ver que dicen de nosotros para responder en consecuencia, olvidándonos que, el que pega primero, pega dos veces.

Gracias a ésta clase de conducta, es posible que nuestros cuadros no se hayan movilizado con la atingencia con que debieron hacerlo, creyendo que nuestros lemas de campaña eran todo lo que se requería para obtener los votos que nos darían el triunfo. La respuesta entonces, a la pregunta inicial, no tiene vuelta de hoja, por más que nos empeñemos en negarlo: Perdimos, porque no fuimos capaces de atrevernos a ganar.

No es nuestra intención disminuir el peso de nuestros errores. Nunca lo ha sido y nunca lo será; pero en aras de la equidad y la justicia por las que tanto abogamos, debemos aceptar que en esta competencia desigual, enfrentábamos a un monstruo multiforme, al que era muy difícil vencer porque, en extraño parecido con el monstruo de Lerna, de la Grecia clásica, por cada brazo, por cada sierpe que lográbamos arrancar de su horripilante cráneo, surgían dos o tres más, tan arteros y malignos como los anteriores.

Siempre se ha dicho que el PRI es un partido de dinosaurios, pero los dinosaurios parecen mascotas inofensivas, comparados con éste híbrido para-mitológico con el que nos tocó lidiar, porque es ubicuo y escurridizo como pocos. Aparentemente, su cuerpo reposaba en algún lugar del Estado de México, pero sus tentáculos se extendían a todos los rincones del territorio nacional, alimentándolo, protegiéndolo. Causando pánico y admiración en aquellos que intentaban acotarlo. Muy pronto, a todos nos quedó claro que se trataba de una bestia inatacable y el muy fundado temor de los que lo mirábamos crecer y desarrollarse, de las calamidades que podría acarrearnos a todos, si de casualidad lograba adueñarse del nido de Quetzalcoatl, no era baladí. La gente estaba fascinada con el esperpento; hipnotizada con cada uno de sus movimientos y sus gruñidos y a no pocos de entre nosotros, tales berridos parecianles sonidos celestiales, emanando armoniosamente de una garganta divina.

Los psicólogos afirman que los seres humanos sentimos una atracción malsana por el desastre: lo buscamos, lo seguimos, lo procuramos: En parte, porque cuando llegamos al límite de nuestra resistencia, somos autodestructivos, (los suicidas y los viciosos son un buen ejemplo de ello) y en parte, para tener una buena excusa para nuestras lamentaciones cuando las cosas van mal. Cada desatino, cada muestra de incapacidad cognoscitiva del bichejo, eran como un imán, que en lugar de repeler, concitaba más y más la atracción popular. Las sorpresas no dejaban de producirse; la mayor de todas, fue enterarnos que la bestia no se alimentaba de insectos, sangre, o deshechos. Se alimentaba con dinero, ni más, ni menos: Plata, marmaja, pachocha, billuyo. Dinero, pues, contante y sonante, emanado de los poros de la tierra; aunque parezca absurdo o increíble. En los lugares más recónditos del país, dominados por el priismo, pequeños e insignificantes arroyuelos de dinero se formaban como un hilo refulgente, para luego emprender su búsqueda de causes más amplios; al encontrarlos, los arroyuelos se transformaban en hermosos arroyos, argentinos o dorados, según el metal con el que estuvieran acuñadas las monedas; los arroyos seguían su ruta, hasta converger con ríos más saturados en donde vaciaban su contenido, en una red inextricable de vasos comunicantes, que terminaban por formar un mar, de donde abrevaron sin descanso el matalote y su grupo: Soriana, banca Monex, BBVA-Bancomer, HSBC, BANAMEX y una buena cantidad de casas de bolsa y corretaje, según la exhaustiva investigación de PROCESO. Al poco tiempo y siguiendo el proceso diseñado por la naturaleza, el caudal marítimo se evaporaba, para caer más tarde, transformado milagrosamente en migajas, en los bolsillos sedientos de los necesitados. Abriendo un pequeño paréntesis, debemos decir que esto es algo que de ninguna manera podemos reprocharle a la gente y menos, a la gente que se levanta con el Jesús en la boca por la angustia de no saber si tendrán para comer ese día. "Más vale pájaro en mano que ciento volando", por eso nuestros compatriotas reciben despensas, camisetas, gorras o dinero sin avergonzarse ni sentirse culpables por estirar la mano, porque, por otra parte, tienen razón; si no aprovechan esas escasas oportunidades, entonces... ¿cuándo?

Puede ser que a muchas personas les parezca ocioso y hasta banal preguntar ¿de dónde salió el dinero con el que el PRI compró la conciencia de millones de personas? Si nos obligaron a rescatar a los bancos durante el sexenio de Zedillo, si después tuvimos que rescatar el sistema carretero, si hemos rescatado empresas en bancarrota y nunca nos hemos quejado, entonces... ¿Por qué tanta preocupación ahora? Debemos aceptar de una vez por todas, que somos rescatadores por naturaleza, que no rescatistas... Ya encarrerado el gato... Podemos darnos el lujo de rescatar a los estados y municipios declarados en quiebra después de las elecciones y de ser necesario, todo lo que, en opinión de nuestros obsecuentes políticos deba ser rescatado. ¡Claro que también podemos rescatar al partido que nos llevó por ese camino; sobre todo, si el tal partido nos representa cabalmente, porque en el fondo, está constituido con una buena dosis de nuestra propia esencia: es rapaz y pendenciero, como nosotros! El partidazo de marras, por supuesto, se ha negado obstinadamente a proporcionar el más mínimo indicio que nos pudiera orientar en la búsqueda de respuestas. No les importa saber que cada acto ilegal cometido, que cada cínica defensa de sus corruptelas, aderezadas con el insolente condimento de la prepotencia, son una bofetada en el rostro de la verdadera democracia y de la gente que cree y lucha por estos principios, desde los rincones más apartados de nuestro país. Con la tenacidad del gandalla más conspicuo, nos han recalcado, una y otra vez, en un tono de franca impaciencia, que los estamos calumniando, que ellos son incapaces de hacer algo ilegal, aunque los inundemos de pruebas en contrario; que las distintas autoridades los han exonerado, una a una, de cualquier sospecha de corrupción o manejo turbio en los gastos de campaña de los que han sido acusados. Que el país no se puede detener por nimiedades como la compra de votos o el despilfarro; que el pueblo nos exige a todos un comportamiento responsable acorde a los tiempos que vivimos, que urge poner en marcha los mecanismos con los que podremos seguir adelante; esto es, las tan manoseadas y nunca suficientemente explicadas reformas estructurales con las que nos vamos a convertir en un futuro muy cercano, en algo así como un faro que iluminará al mundo con su espectacular resplandor. Si, al PRI le urgía que dejáramos las cosas en paz y por supuesto, al resto de los implicados en el saqueo. No veían la hora en la que pudieran empezar a disfrutar nuevamente del poder total, sin la enfadosa carga de un proceso electoral sospechoso en sus espaldas.

Previsores como son, se habían asegurado anticipadamente de colocar a sus incondicionales en los puestos clave de nuestras instancias judiciales, léase, IFE y TEPJF; en no pocas ocasiones, con la anuencia del partido Acción Nacional, de tal modo que cualquier queja o acusación pudiera ser solventada favorablemente a sus intereses. La aprehensión, en el aeropuerto de Toluca de dos representantes del gobierno de Veracruz, con un maletín conteniendo 25 millones de pesos en efectivo y que los mandaderos no supieron explicar para que eran, nos proporcionó una idea más o menos clara de cómo se habrían manejado los asuntos del dinero para la campaña tricolor. Al final de la contienda, se habló de un dispendio insultante de alrededor de 8 mil millones de pesos gastados generosamente y sin ningún control, para que Enrique Peña Nieto pudiera obtener un triunfo inobjetable, que les permitiera recuperar la presidencia imperial que tanto añoraban. Los topes de gastos de campaña impuestos por el IFE para los partidos era de 336 millones, como máximo; nomás hay que echarle cuentas. Después de las elecciones, varios municipios del estado de Colima, se declararon en quiebra. No había dinero ni siquiera para el pago de salarios de sus trabajadores: En el municipio de Manzanillo, los diarios locales dijeron que el fondo de pensiones del sindicato había sido saqueado con la anuencia del secretario general, que esperaba recibir un hueso a cambio del favor. Pero resulta que ¡oh, paradojas del destino! En Manzanillo perdió el PRI por todo lo alto, a manos del PAN ¿de quién más? El DIF porteño no corrió con mejor suerte. De la noche a la mañana se quedaron sin un solo centavo para cubrir sus necesidades más apremiantes y tuvieron que empezar a pedir ayuda a otras instituciones y por lo que supimos, éste tipo de trácalas estaban ocurriendo en cientos de municipios más, en todo el país. Para acabarla de amolar, en el hospital donde trabajo empezaron a despedir una buena cantidad de trabajadores del Seguro Popular, porque se acabó el presupuesto contemplado para sus salarios. Por órdenes del señor gobernador, ningún edificio de gobierno podrá poner nacimientos con luces navideñas, porque no hay dinero para pagar la cuenta de electricidad.

Pero no solo los municipios se vieron en la necesidad de hacer público su desastre financiero; los gobiernos estatales de muchas entidades federativas debieron reconocer que habían contraído deudas extraordinarias que los sujetarían entre veinte y treinta años para salir del apuro. El caso de Coahuila fue emblemático, se habló de un endeudamiento escandaloso de 35 mil millones de pesos. Se procedió a una investigación, se aseguró a dos funcionarios menores, pero el responsable del gobierno estatal, en ese tiempo, el bailador Rubén Moreira, no ha sido tocado por los vientos de cambio que tanto proclaman los jilgueros del "nuevo PRI". Que suspendieran el pago a los trabajadores municipales, que hayan echado mano de sus fondos de pensiones, que haya proveedores que no han podido ni podrán cobrar sus facturas, que exista una carencia terrible de medicamentos en las farmacias de los hospitales públicos; que no haya presupuesto para trabajos de bacheo en las calles, que el servicio de limpia esté retrasado o suspendido porque las unidades tienen tiempo en el taller y no hay dinero para refacciones o gasolina que las reactiven. Que las escuelas se deterioren inexorablemente por falta de mantenimiento, que sus sanitarios estén sucios y malolientes y los pupitres desvencijados y sin pintar, por supuesto está mal... Pero lo bailado ¿quién se los quita? Fue una borrachera increíble de 100 días. 100 días de pachangas, de reventones, de eventos insulsos, de chows (¿así se dirá?) malones pero caros, a los que la gente entraba gratis. Cien días de repartir todo tipo de propaganda tricolor, incluyendo animales domésticos, de regalar despensas, uniformes, útiles escolares, bicicletas; de pegar calcomanías en los cristales de los automóviles; de regalar tarjetas de SORIANA o MONEX con cantidades diversas, que la gente se apresuraba a canjear por mercancía. Cien días de contaminación visual y auditiva en estaciones de radio, diarios, espectaculares y promocionales que cubrieron la totalidad del territorio nacional, vía la superficie de los autobuses urbanos; los taxis locales de cada municipio, de cada ciudad: bardas, postes y aún fachadas de casas habitación. Que el país, el verdadero, el de la clase trabajadora que lo sostiene todos los días con su esfuerzo se empobrezca cada vez más, mientras flota en el ambiente un hálito de tristeza y desesperanza, después de esa demencial sangría, es algo que carece de importancia, porque una presidencia bien vale 8 mil millones de pesos, aunque la cifra podría ser bastante más escandalosa que eso. Ahora, solo nos queda aguantar vara y sufrir una cruda que durará por lo menos seis años, mientras tratamos de entender ¿Qué nos pasó y porque? Y tan importante como la pregunta anterior… Con tanto dinero desperdiciado, con tantas trácalas confirmadas, con tantos abusos e ilegalidades cometidas… ¿Qué hubiera pasado si el PRI hubiera perdido las elecciones?

Con el infamante legajo pseudo jurídico de más de mil fojas, que los magos del TRIFE se sacaron de la manga, otra pregunta se vuelve oportuno contestar: ¿Quiénes ganaron con esa decisión? Se nos ocurre, en primerísimo lugar, el grupo Atlacomulco, ¡por supuesto! Después de más de cuarenta años de andar persiguiendo el poder, por fin lograron darle caza, (literalmente, darle caza). Ahora podrán dar rienda suelta a sus afanes predatorios sin que nada se los impida. Ganan también y de primera mano, las televisoras privadas encabezadas por Televisa y Televisión Azteca y los cableros asociados con ellos, Milenio televisión, claro está, por la transformación increíble de un político chatarra en un producto de primera necesidad. Ganan los corruptos líderes sindicales de PEMEX y el SNTE. Gana Antorcha campesina, el brazo armado y chantajista del PRI. Ganan, ¡cómo no! Todas las confederaciones creadas durante la hegemónica dictadura priista del primer periodo. Ganan los corruptos, los lambiscones, los arribistas, los güevones ¡perdón! los holgazanes, los aviadores, los manipuladores, los mentirosos, los cínicos, los necios; no que en los demás partidos políticos no existan, pero el PRI es la célula madre de todos ellos. Ganan holgadamente, los grandes corporativos transnacionales, los defraudadores, los abusivos. Gana la corrupción, en todas sus facetas y con todos sus matices, los jueces y los ministros venales. Ganan la manipulación y la ilegalidad. Gana también la jerarquía católica, que no ve la hora de sentar en la silla del águila a un cardenal, aunque no sea mexicano.

Cuando se me ocurrió preguntar ¿porqué perdimos? No me refería exclusivamente a la gente de izquierda o libre pensadora del país, me refería a todos nosotros; en realidad, a todo el país, ricos y pobres, de izquierda o de derecha, güeritos o prietitos, patrones y empleados, empresarios y obreros: todos por igual, sin excepciones. Perdieron, irremediablemente, la justicia y el auténtico estado de derecho y conjuntamente con ellos la posibilidad de poner a nuestro país, ¡por fin! en el camino del verdadero desarrollo con justicia y equidad. En pocas palabras, perdió México de cabo a rabo, de la península de Baja California a la península de Yucatán, del Golfo de México a las costas del Pacífico; porque lo primero que harán los priistas que asaltaron el poder de manera tan burda, será recompensar a los compinches que les aseguraron la presidencia, después de hincarle el diente al presupuesto para tratar de atemperar los ánimos caldeados de sus propios correligionarios, defraudados durante la campaña y de todos aquellos a los que se llevaron entre las patas con sus enjuagues. Nos pedirán paciencia y comprensión y nos llenarán la cabeza, nuevamente con vaguedades y promesas huecas que no los comprometan a nada. Nos dirán que el nuevo presidente tiene la solución de todos nuestros problemas en la mano, que es solo cuestión de tiempo; que son un nuevo PRI; moderno, eficaz, comprometido con la democracia y el desarrollo nacionales; interesado en la felicidad de la gente, atento a las necesidades más apremiantes de los desposeídos. Perdió México, insistimos, porque el PRI, una vez que se ha hecho de nuevo con el poder, difícilmente lo va a volver a soltar. Hará todo lo que sea necesario; argucias, trampas o asesinatos, si hicieran falta, para conservarlo por lo menos durante tres sexenios más; después, si es que tuviera que dejarlo, a causa de sus excesos, lo cederá por un tiempo al PAN, para que se los cuide y otra vez volverán a la carga. La izquierda mexicana tendrá que contentarse con mirarlos pasar mientras se vuelve, así misma, más moderna y propositiva, como claman a los cuatro vientos, en son de mofa, los que manejan las riendas del poder. Es un hecho irrefutable, que, en nuestro país, los libre- pensadores y progresistas son los que impulsan los grandes cambios sociales, para que sea la derecha la que los disfrute después, a sus anchas.

Con ésta imposición electoral y a contrapelo de lo que afirman los necios y gandallas tricolores, no nada más perdió Andrés Manuel López Obrador y los 16 millones y medio de ciudadanos que sufragamos en su favor, o Josefina Vázquez Mota con los 12.4 millones de votos obtenidos para el PAN, con lo que se demuestra que el PRI no es, ni con mucho, la mayoría que dice o presume ser, porque resulta que sumando los votos de éstos partidos, el tricolor viene a ser una minoría simple, que no tendría porque imponer condiciones en el congreso. Sin embargo, pretenden que casi treinta millones de votantes se atengan a los caprichos legislativos de un partido que solo representa la voluntad de 19 millones de sufragios y conste que no estamos agregando a los abstencionistas, que representan alrededor del 35% del padrón electoral. Lo peor de todo, es que parece ser que no escarmentamos y estamos siempre dispuestos a seguirles el juego. Pero una reflexión se hace necesaria; es algo que platiqué con mi entrañable amigo, el doctor Gerardo Venegas: El doctor Venegas es un anestesiólogo muy capaz, originario de Veracruz, es un hombre sensato, prudente, que sabe escuchar y sabe discernir acerca de los tópicos más variados, sin embargo, también es capaza de levantar la voz cuando juzga necesario hacerlo, para dejar en claro su punto de vista. Acostumbramos una pequeña charla cotidiana antes de la hora de salida y, cuando por alguna razón discrepamos, me lo hace saber al instante, sin andarse por las ramas, pero con ese mismo tono de voz tranquilo y reposado que siempre le he conocido. Hablando del futuro desempeño de Peña Nieto como presidente y de la insistencia machacona de su partido, intentando convencernos que ahora tienen otra mentalidad, porque México ya cambió, llegamos, sin mucho esfuerzo, a una conclusión inobjetable, tomando muy en cuenta el cúmulo de triquiñuelas de las que se valieron para volver al poder: Un dinosaurito; creado, alimentado, protegido por dinosaurios ¿se va a comportar de manera diferente de cómo lo hace un dinosaurio? Siendo un dinosaurio, el mismo... ¿va a balar como oveja, a corretear como un cervatillo en medio del bosque olisqueando las flores silvestres que se atraviesen en su camino? ¿va a revolotear alrededor del nido como un gorrioncillo indefenso, tratando de llamar la atención de sus polluelos, para darles el alimento que lleva guardado en el buche? ¿Siendo un dinosaurio, va a comportarse como pato o como un lindo gatito? ¿Acaso un dinosaurio va a dejar de ser lo que es por el dudoso milagro de un resultado electoral? ¿De pronto se va a volver inteligente, culto, sensible, honrado? En estos tiempos de locura, todo parece posible, inclusive, que un predador ante diluviano como el señor Peña Nieto, resulte en un tierno y amigable perrito faldero. Si estamos dispuestos a creer eso... entonces.... ¡Bien merecido tenemos lo que nos pasa! Yo, por lo pronto, pienso endosarle la misma máxima despectiva que su predecesor, Carlos Salinas, nos endilgó a sus detractores cuando estuvo en el cargo: "Al señor Enrique Peña Nieto, ni lo veo, ni lo oigo".

# REPRICE

─○─

# LOVE IS IN THE AIR
## (JOHN PAUL YOUNG)

Dos días después de que el Tribunal Federal Electoral hiciera pública su resolución de validar la elección presidencial, validando de paso las trapacerías, las violaciones a la propia ley electoral, dándole de cuchilladas a la constitución, me encontré por pura casualidad con el director del hospital, en uno de los pasillos principales del nosocomio.

Nuestro director es un priísta de toda la vida, no concibe el poder en manos extrañas. Para él México y PRI, son una y la misma cosa. Sin embargo, el señor director es un hombre afable, recto, sin dobleces, está siempre atento a las necesidades de los demás y busca el mejor modo de solucionar los problemas que nunca faltan. Sabe escuchar y contestar lo que la gente quiere oír. El señor director es todo un caballero. Con una amplia sonrisa iluminando su redondo rostro moreno, como de luna llena, acudió a mi encuentro y, después de prodigarme uno de sus típicos abrazos, me miró a los ojos y me preguntó...

-Y bien, mi querido amigo, ¿qué le pareció la resolución del tribunal electoral?
-Nada, doctor, estaba previsto que iban a salir con su batea de babas.
-Pero ¡cómo! ¿no le pareció apegada a derecho?

Le pasé mi brazo alrededor del hombro, mientras lo invitaba a seguir caminando, rumbo al área de hospitalización y, después de algunos segundos de meditación, le dije...

-Doctor... Usted y yo somos personas medianamente inteligentes ¿cierto?
-Muy cierto, me contestó, ligeramente sorprendido
-Gracias a esa inteligencia, podemos realizar nuestro trabajo con cierta olgura.
-Es verdad, contestó no muy convencido, sin saber a dónde quería ir a parar.
-Podemos, por tanto, enfrentar los problemas que se nos presenten y resolverlos lo mejor que podamos...
-Así es, sin duda.
-Nuestra inteligencia y nuestra preparación nos ayudan a distinguir con cierta facilidad lo que es bueno y lo que no lo es.
-En efecto, tiene usted razón.
-Podemos darnos cuenta cuando una persona está mintiendo y cuando está diciéndonos la verdad.
-Claro, claro, en efecto.
-Por las características de nuestro trabajo, estamos obligados a observar, a razonar y a sacar conclusiones, que podríamos llamar... definitivas.
-Por supuesto que sí.
-Entonces, mi querido doctor; no nos hagamos pendejos. Usted y yo sabemos que, en éste país, las elecciones siempre han sido fraudulentas.

F. RUBI
Julio-diciembre de 2012.